【歴博フォーラム 民俗展示の新構築】

現代社会と民俗文化

国立歴史民俗博物館＋小池淳一◉編

岩田書院

現代社会と民俗文化　目次

第90回　歴博フォーラム
「現代社会と民俗文化」

開催要項

日程　2013年９月21日(土)

時間　10時30分～17時00分

場所　東京証券会館ホール（東京都中央区日本橋茅場町１－５－８）

主催　国立歴史民俗博物館

プログラム

開会挨拶　大久保純一

趣旨説明　小池　淳一

基調講演　常光　　徹　「身近な言い伝え―現代の民俗―」

報　告　１　松尾　恒一　「民俗文化の国際性―東アジアの視点から―」

報　告　２　小池　淳一　「職と技の民俗史－道具を視座に－」

報　告　３　松田　睦彦　「人と自然の関係誌―海・山・里のなりわいと技―」

コメント１　八木　　透

コメント２　小熊　　誠

総合討論（司会 川村 清志）

閉会挨拶　小池　淳一

はじめに―趣旨説明

小池　淳一

基調テーマと視点

最初に、今回のフォーラムの趣旨説明をさせていただきます。

国立歴史民俗博物館（以下、歴博）の民俗展示はかなりの歳月をかけて、準備をしてきたものです。そのときの基本的な精神と言いますか、展示を作っていくに当たって、館全体の方針として与えられたものがあります。それは三つの基調テーマと二つの視点というものです。これについて最初にまずお話したいと思います。

三つの基調テーマと言いますのは、一つ目は生活史。暮らしの歴史を取り上げるということです。二つ目は環境史。現在、地球が置かれております、あるいは地球が直面しているさまざまな環境の問題を意識するような視点を持つ、ということ。そして三つ目が国際交流です。歴博は日本の歴史と文化を取り上げる博物館でありますけれども、あくまでも日本という一国にこだわることなく、さまざまな国や地域との関係、国際交流をきちんと意識した展示をするということ、以上の三つの基調テーマを与えられておりました。

そして、その際、さらに視点として、いろいろな資料を選び、展示していくなかで、あるいはその資料を組み合わせて主張していく事柄として、多様性の視点を持ちなさいということを求められました。現代の社会のなかにはさまざまな価値観があります。多様な生活があります。それらを偏ることなく、広く取り上げるということ、過不足なく取り上げるということ、そういったことを忘れないということが視点として一つ目にありました。

二つ目の視点は現代的であるということ。特に、民俗の展示の場合は、そうなりがちなんですけれども、どうしても懐古的な、古めかしい、懐かしい暮らしといった方向性を帯びてしまう。「昔の暮らし、ああ、良かったよね」という形になってしまいがちだけれども、そうではなくて、あくまでも現代的な視点を持ちなさいという、そういったことが課題としてございました。多様性の視点と現代的な視点を忘れないように、ということを意識して参りました。

今、申し上げた生活、環境、国際交流、さらに多様性に現代的視点。五つを並べると、非常に厳しく、重い課題だったと思っております。ただ、これは私どもが担当した第四室、民俗展示だけが担っている課題ではなくて、館全体として、歴博の展示をトータルに見ていただいた場合に、そういったことが表現されていればいいんだということでございますので、すべてをきちんと民俗だけでやらなきゃいけないと力こぶを入れるというよりも、そういったものを絶えず意識しながら、そういった五つの見方、あるいはテーマを意識しながら、展示構成をゆっくりと考えていくということになっていったわけであります。

博物館型研究統合

その背後にありますのは、言うまでもなく、歴博が大学共同利用機関であるということです。つまり、一般の観客はもちろん重視しているわけですけれども、それ以外にも、研究の成果を展示する博物館であるということが重く、常に意識されなければならないということです。例えば上野の東京国立博物館などと比べて、どこが違いますかということを聞かれたときに、「うちの博物館は研究博物館ですから」という言い方を致します。端的に研究成果を反映する、それを考えて展示を構成するということなんです。それらは、当然、学界の動向と常に結びついてまいります。

今、それぞれ、歴史学の学界、民俗学の学界、考古学の学界のなかで、どういったようなことが問題になっているのか、どういったことが注意されているのか、あるいは最新の調査の成果はどのようなものなのか、それらをどのように位置づけるのか、そういった問題を、常に展示という形で皆様の前にお示しする、あるいは、そのための準備を怠りなくするということが、求められているわけです。そこを、私どもの博物館ではさらに理念として磨き上げて、博物館型研究統合というような言い方をしております。この博物館型研究統合というのは、今申し上げてきました、展示を展示だけで考えるのではなくて、その展示の基になる資料の収集、さらにそれを支える研究の三つを三位一体として考えていく。常に展示と資料と研究とをお互いに関連、循環させながら、博物館の活動を進めていくという、そういったような理念を持っております。

こういった理念を持っているのは、ちょっと口幅ったい言い方になりますけれども、日本の博物館のなかでは、そして、国立博物館はいくつかありますけれども、そのなかでは私どもの歴博だけだというふうに、自負しているわけです。

そういった最初に申し上げた五つの基本的な姿勢と、研究博物館である、すなわち博物館型研究統合ということを積極的に推進していくということを意識しながら、私たちは民俗展示を作ってまいりました。それは、先ほどから申し上げておりますように、ハードルとしては―自分たちで決めたハードルじゃないかと言われてしまうんですが―、大変高いハードルだったと思っています。現代的な視点を持つとか、国際交流を忘れないようにと言われましても、一つ一つの資料に関して、そういったことをすべて盛り込むことができるのか、そういった位置づけや解説をすることができるのかということに関しますと、確かに非常に困難な問題があります。何よりも、民俗展示の場合は目の前の暮らしをきちんと見つめて、そこからさまざまな文化のタイプであるとか、偏りであるとか、あるいはその展開の過程、歴史的な問題を考えなければいけないという、学問それ自体が与えられている課題というものがございます。それらとすり合わせていくということも当然意識しなければなりませんでした。

展示の意図と構成

そうした作業のなかで、新しい民俗展示は、全体のテーマを「列島の民俗文化」と致しました。これは展示をご覧いただくときに、すっと通り過ぎられてしまいかねない最初のところのプロローグのゾーンで「列島の民俗文化」ということを、黒っぽいパネルでご説明しているんですけれども、実はまずそこで、立ち止まっていただきたいんですね。

「日本の民俗文化」ということではなくて、列島という言い方をして、日本列島以外の、あるいは日本列島に連なっているさまざまな島々、そして、その島々が寄り添っているユーラシア大陸というものを意識する。先ほどの話で言いますと、国際性に当たるかと思いますけれども、そういう地理的な条件が、まずある、風土的な環境といってもいいでしょう。そこに注意をしていただきたい。そこで、われわれの先祖たちが、そして、われわれと同じ人類がどのような暮らしを築いてきたのか、どのような文化を残してきたのか、そして今また、どういった文化を生み出しつつあるのかということを展示したいと考えて、「列島の民俗文化」というテーマに致しました。

実は、ほかの歴博の展示室では、こういったテーマというのはないのです。ほかの展示室は、古代でありますとか、中世でありますとか、時代区分で表示というか、展示のテーマが決まっております。江戸時代の展示は第三室「近世」というふうに、あるいは現代の展示は第六室「現代」というふうに直接、示されているわけなんですが、民俗展示の場合はそこにもう一つ、私どもは展示を作るときにファクターと言いますか、視点を入れたわけです。

「民俗」へのまなざし

　さらにそのなかを三つのゾーンに分けて、展示を構成致しました。一つ目は「『民俗』へのまなざし」ということに致しました。民俗をカギカッコに入れて、一体、民俗ってなんだっけ、民俗ってどういう文化の形だったかということを、最初のところではお示しし、一緒に考えてみたかったんです。そこに一番最初、いわば、〝つかみ〟の部分ですけれども、導入の部分にデパートのおせち料理の展示を持ってきました。この点についてはいろんなご意見をいただいてますけれども、私どもとしては、〝つかみ〟としては、いいんじゃないかなと思ってます。これが民俗なんだっけ、これでいいの？　という、民俗のことを多少なりともご存じの方は引っかかりを感じていただく。まさにそこで、これまでの皆さんがお持ちになっているであろう民俗に対する既成の概念を思い出していただき、それと向き合っていただくことになると思うのです。そういった部分として、デパートの展示、デパートの売り場の再現ということで、チャレンジをしてみたわけです。

　もちろん、そういったことを知らないで、民俗というものに初めて触れる人には、これは自分たちの普段の暮らしと無関係ではないな、現代の自分たちの日常的な暮らしのなかに、確かにこういったデパートの売り場というのは組み込まれていて、実際に経験している。そこに、実は民俗があるんだということを気がついていただけるという意味でも、導入部分としては皆様に訴える部分が作れたんじゃないのかなと思っております。

　デパートを入り口に、現代社会のなかで、今、民俗的なもの、あるいは民俗文化がどのような形で、われわれの暮らしのなかにあるのかということを取り上げたのが、最初のゾーンの「『民俗』へのまなざし」です。そこには、世界遺産の問題であるとか、観光の問題であるとか、われわれの暮らしのなかで、まさに今、皆さんが担い手である、皆さんが今、直面している問題を取り上げるように致しました。あるいは、現代の家族の問題や身体の問題というようなことを、まさに民俗学界のなかでもホットな、さまざまな議論があって、続々と論文が発表される、あるいはその論文を支える概念が議論される、そういった状況をそのまま反映したのが最初のゾーンなわけです。そして『民俗』へのまなざし」の最後になって、民俗学という学問とその成立の背景にあるものを提示しています。こうした日常の生活を対象化し、多角的に考えていく営みとしての民俗学であるということを確認しているわけです。そういった、ある意味では長いイントロダクションを経て、続く二番目と三番目のゾーンに移っていくように展示を構成しております。

おそれと祈り

二番目のゾーンは、「おそれと祈り」というコーナーです。さまざまな暮らしのなかでの自然に対するおそれ、あるいは神仏に対するおそれ、妖怪や怪異に対するおそれ、そういったことにまつわる感情を取り上げたい。あるいは、さまざまな祭り、儀礼を通して、人々は神や仏、あるいはもっと原初的な自然に対して祈りを捧げ、希望を託してきました。そういった生活の要素を正面から取り上げるのがここです。

そして、そこに表現されているものの多くは、民俗学にお詳しい方はご存じのように、ハレの文化です。日常の暮らしと少し違う、あらたまった華やかな気持ちになる、そういった場面をハレと民俗学ではとらえてきましたけれども、そのハレの部分をここでは提示することに致しました。

くらしと技

三番目には、そうしたハレに対して、ケ(褻)の文化を取り上げています。ケとはすなわち、「日常」、普段の暮らしをさす民俗学の概念ですけれど、そうした生活の基盤に当たる部分を「くらしと技」という言い方で表現して資料を集めてみました。生活の舞台でありますところの民家でありますとか、さまざまな職人さんたちの活動、多様な生業の姿を取り上げて、そういった民俗から生み出されて、維持されていく基盤、根っこの部分を取り上げてみようとしたわけです。

現代的な課題ということで言いますならば、まさに、二〇一一年三月の東日本大震災なども大きな課題と言わなければなりません。たまたまでございますけれども、この三番目の「くらしと技」のところの最初で取り上げております民家は、東日本大震災の津波で被災した三陸地方、宮城県気仙沼市の沿岸部のものです。

もちろん震災のことを予定していて調査をしていたわけではありませんけれども、展示の準備期間中に起きてしまった震災によって被災した民家と、そこからの資料のレスキュー、いわゆる文化財レスキューと呼ばれるものを通して、展示を構成することになったという点でも、結果として、現代的な課題と結びついた展示になったと思っております。

そこからさらに職人の世界、海・山・里のなりわいといった文化を示す資料を提示して、私たちの生活のなかにおける民俗的な要素やそれを感じる精神性、生活事象の相互関係性や影響などといったものを考えてもらうように展示を構成してみました。本日のフォーラムでは、新しい民俗展示のなかでも、この二番目と三番目の部分における資料を取り上げながら、それにとどまらず、資料選択の理由や背景、さらに展示から広がるさまざまな研究上の課題についてお話していきたいと考えております。

現代の「出開帳」として

以上のように「『民俗』へのまなざし」「おそれと祈り」「くらしと技」という三つのゾーンから、「列島の民俗文化」という、新しい民俗展示を構成したわけですけれども、今日のフォーラムではタイトルを「現代社会と民俗文化」とはなはだ大きくして、二番目と三番目、「おそれと祈り」と「くらしと技」のコーナーに関する出開帳をしてみたいと思って、企画してみたわけです。

出開帳という言い方はピンとこない方もいらっしゃるかもしれませんが、前近代、特に江戸時代によく寺院や神社などが、そういった施設に蓄積されてきたさまざまな仏像であるとか、宝物であるとか、そういったような物を、特別に見せるということを開帳といいました。さらに場所を移して、江戸や大坂など、人が集まる土地に持って行って、それを多くの人びとにお見せして、ある程度の収入を期待するという行為を出開帳といいました。

何年に一度の開帳というような言い方で、こうした言葉は現在でも使われておりますけれど、そうやって観客を集めるという面では展示と似通っていないこともないと思われます。いわゆるお宝をご覧いただくということです。お宝かどうかというのは、それぞれの価値観によるのであり、また学問上の位置づけにもなるわけですけれども、そういう、普段ではなかなか見られないものをまとめてお見せするという意味では博物館の展示も、前近代の開帳という行為に似てるなと、私などは思っております。そして、もしもまだ新しい民俗展示をご覧になってない方は、今日のフォーラムで私どもがどういった思いで、あるいはどういった学問的な基盤の上に展示をしたかということをお聞きいただいて、ぜひ足を運んでいただきたい、と思うのです。

残念ながら、展示資料そのものをこちらに持ってきてお見せするということはできないんです。それは資料保存の鉄則がございまして、さまざまな資料を保存する環境の維持というのは博物館の重要な使命の一つでもありますから、資料を移動させて、昔の出開帳のようにお見せする、あるいは触っていただくというわけにはいかないんです。あくまでも、温湿度管理をはじめとして、さまざまな保存継承のための環境がきちんと整えられている博物館という施設のなかで見ていただくということになります。そこにはさまざまなしつらえがあり、仕掛けがございます。一日ではとても見きれないぐらいの情報量を新しい民俗展示には詰めたつもりです。そこらへんは、その量や質が適性かどうかも含めて、ぜひ、足を運んでいただいて、大いに楽しんでいただいたり、あるいは批判していただけたらいいな、と思っています。そして、それらの導きになるような、呼び水になるような話を今日は、申し上げていきたいと思います。

フォーラムの概要

これからのフォーラムの内容について最後にご説明いたします。

最初に午前中、一時間ほどかけて、当館の常光徹から、「身近な言い伝え」（「俗信と妖怪を展示する」と改題し、本書収録）ということで、民俗展示の特色であります俗信や妖怪といった心意現象に関するお話をさせていただきます。それで、休憩、お昼休みをいただいて、午後から三つの報告を致します。松尾恒一の「民俗文化の国際性」、私の「職と技の民俗史」、松田睦彦の「人と自然の関係誌」という三つの報告を予定しております。いずれも当館の、この民俗展示を作ることに直接携わってきた、それぞれの一つ一つの展示資料を選定し、資料の解説を作り上げてきたメンバーがお話を申し上げます。

その上で、また少し休憩をいただいて、コメントを佛教大学の八木透先生、神奈川大学の小熊誠先生からいただいて、議論を開いていきたいと思います。

歴博フォーラムに普段からよく参加してくださっている方々には、ちょっといつもと違うなと思われるかもしれません。通常の歴博フォーラムは、これも研究とその発信の一環として、全国のさまざまな大学などをはじめとする研究機関で研究されている、いわばゲストの先生にお話をしていただくことが多いわけです。歴博の人間はコーディネートをしたり、司会をしたり、あるいは若干のコメントをさせていただくという立場、少し引いたような役割を務めることが多いですが、今回は自分たちの作った展示を、あらためて自分たちで説明するという、そういったつもりで、館のメンバーがメインになってお話をさせていただきます。いささかずうずうしい感じが致しますけれども、今まで申し上げてきましたように、今回は出開帳であります。そして、一〇年以上の歳月をかけて、なんとか皆様のご協力で、展示が完成致しました。その展示をさらに深く掘り下げて、いろいろな見方で楽しんでいただくきっかけを作るための、お話を申し上げていきたいなと思っております。今日一日、これから長丁場になりますけれども、どうか最後まで、ゆっくりとお話を聞いていただければと思います。以上で私の趣旨説明を終わらせていただきます。どうもありがとうございました。

■基調講演

俗信と妖怪を展示する

常光　徹

一　身近な言い伝え―俗信

民俗研究系の常光と申します。よろしくお願いします。

二〇一三(平成二五)年三月一九日に、歴博の総合展示第四展示室(民俗)がリニューアルオープンしました。新しい民俗展示の全体テーマは「列島の民俗文化」です。従来の「民俗文化の多元性」を中心とした展示は、一九八五(昭和六〇)年当時の最先端の実験的な試みとして、博物館から民俗研究の新しい視点と構想を発信してきました。それから三〇年の歳月が経過し、現代日本の民俗文化の展開とそれを対象とする民俗学の発展に即して、民俗展示を一新することにしたのです。

新しい展示は「『民俗』へのまなざし」「おそれと祈り」「くらしと技」の三つのゾーンから構成されています。最初のゾーンでは、「広がる民俗」「開発と景観」「現代の家族像」「民俗学の成立」のテーマのもとに、行事食の変化や世界遺産と地域変容、沖縄の自然と観光といった問題に注目しました。二つ目のゾーンのテーマは、「めぐる時間と祭り」「妖怪の世界」「安らかなくらし」「死と向き合う」です。ここでは、夏の祭礼と風流、現代に生きるまじない、死者との交流などを取り上げています。最後のゾーンは「くらしの場」「職の世界」「なりわいと技」のテーマを設け、商いと交流、職の由来とこころ、海のなりわいと技術などについて展示をしました。

このたび、民俗展示の内容について広く理解していただき、歴博に足を運んでいただきたいとの希望で、二つのフォーラムを企画しました。一つが現在行っております「現代社会と民俗文化」でして、今一つが本年一〇月二六日に開催します「民俗表象の現在」というフォーラムです。

私の役割は基調講演ということになっているのですが、リニューアルの理念や企画の意図につきましては、先ほど、小池のほうから詳しく説明をいたしました。今回のフォーラムは、新しい民俗展示についての紹介が主旨ですので、私が担当をしたコーナーを中心に話をさせていただきたいと思います。

当然のことですが、展示は一人ではつくれないわけでして、本日もお見えいただいておりますけれども、館内外の多くの方のご協力を得て、完成にこぎつけました。さまざまな分野の方々のお力を得た成果だと思っております。

私の担当はBゾーンのなかの「妖怪の世界」と、「安らかなくらし」の前半です。今回の展示では、私が調査・研究をしております俗信の成果を取り入れました。ただ、俗信という言葉は、一般にはあまりなじみのない言葉ですので、最初に俗信について簡単に説明をさせていただきます。

現在、俗信という用語は、一般には、予兆、占い、禁忌、呪《まじな》いを中心に、民間療法、妖怪、幽霊に関する伝承を含んで用いられています。「カラス鳴きがわるいと誰か死ぬ」(予兆)、「蹴り上げて落ちた下駄が表だと晴、裏返ると雨」(占い)、「夜、爪を切ってはいけない」(禁忌)、「霊柩車を見たら親指を隠せ」(呪い)といった例からもわかりますように、身近な生活の一齣をすくい取りながら、比較的短い言葉で表現される内容が大部分を占めています。平生は気に留めていないようでも、いざとなると意外に気にかかるのが俗信で、日常の具体的な場面で影響を及ぼしている場合が少なくありません。

俗信研究の道を拓きその意義を説いたのは、日本の民俗学の創始者である柳田国男です。一九三五（昭和一〇）年に出版した『郷土生活の研究法』で、民俗資料の分類についてヨーロッパでの先行例を参照しつつ、三分類案を示しました。眼に映ずる資料を第一部「有形文化」（衣・食・住など）、耳に聞える言語資料を第二部「言語芸術」（昔話・伝説など）、心意や感覚に訴えて理解できるものを第三部「心意伝承」（知識・生活技術・生活目的）としました。第三部は第一部、第二部とは異なり「知識」「生活技術」「生活目的」に分けています。これは「知識」にもとづいて「生活技術」（手段と方法）を駆使し、人は何のために生きているのかという「生活目的」を解明することが狙いであったからでしょう。心意現象は、ものの感じ方や心のくせ、幸福感や好き嫌いの感情など精神活動の広い領域を指しています。柳田は、こうした心意現象を重視し、それを解明する手がかりとして、予兆、占い、禁忌、呪いといった概念を設定したのです。そして、心意現象に関わる諸事象を俗信と呼びました。また、俗信を研究する意義については、身近な言い伝えである占いや呪いに関する伝承の背後に横たわっている前代の人びとの人生観や世の中の見方を知ることだ、と述べていますが、これは現在においても俗信研究の大切な視点だといってよいでしょう。

二　妖怪の世界

妖怪を展示する

民俗学における妖怪研究は、柳田国男をはじめとして早くからその重要性が説かれてきました。柳田は明治末から昭和初期にかけて発表した論考をまとめて『妖怪談義』を刊行しています。柳田が監修した『民俗学辞典』（一九五一年)には、妖怪研究の意義について「個々の妖怪が実在するか否かという解明ではなく、日本人に共通したこの種の経験もしくは民間信仰現象の探求であり、時と所による変遷、および変遷の仕方、その源流を解明することによって、この民族の生活意識・信仰・社会観などを究明することにある」と書かれています。柳田以後も、妖怪に関する調査・研究は地味ではあったが着実に積み重ねられてきました。ただ、研究の大きな潮流を形づくることはなく、むしろ民俗学のなかでは脇役的な存在でした。そうしたなかで、一九九八年に国際日本文化研究センターでスタートした怪異・妖怪に関する共同研究(代表・小松和彦)は、一つの画期をなしたといってよいでしょう。民俗学、歴史学、文学、美術史など多様な分野の研究者を結集し学問領域を横断する学際的な組織を立ち上げて、魅力的な成果を生み出していきました。近年の精神文化に対する関心の高さも相俟って一般にも広く注目を集め、さまざまな分野で怪異・妖怪文化に関する研究への取り組みが盛んになってきました。日本の歴史と文化のなかで怪異・妖怪が占める重要性が広く認識されるようになったといってよいのです。こうした研究動向を背景に「妖怪の世界」を企画しました。

「妖怪の世界」は、〈河童と水〉と〈妖怪の歴史と民俗〉の二つのテーマを設定し、最初の〈河童と水〉では、「河童の伝承—筑紫平野とその周辺」「伝承世界の河童」「近世知識人と河童」「さまざまな河童イメージ」の四つの視点から河童の民俗と歴史を立体的に描きました。つぎの〈妖怪の歴史と民俗〉では、「妖怪の創造と展開」「異界をのぞく」「あそびと妖怪」の視点から妖怪文化を多面的にとらえることを心掛けました。

まず、数多い妖怪種目のなかからなにを取り上げるかです。鬼、天狗、河童など知名度の高い複数の妖怪を紹介する案も検討しましたが、限られたスペースと準備期間等の諸条件を考慮して、最終的には河童を中心に展示することに決めました。水辺の妖怪である河童は、人びとの生活と深く関わる存在としてはやくから注目されてきているし、河童にまつわる伝説や行事はほぼ全国的に伝承されております。史資料の面でも近世中期以降の文献や絵画資料が比較的多く残っている点、そして、現在もアニメや漫画の主人公として活躍し、町おこしの人気者として登場するなど、身近な存在として広く人びとの関心を呼んでいることが河童を選んだ主な理由です。河童という妖怪の特質を多面的に描くことで、「妖怪とはなにか」という課題に迫りたいという意図もこめられています。とはいっても、河童のみに終始した展示では日本の豊かな妖怪文化が生み出した世界が埋没しかねません。そこで、河童以外の主要な妖怪については、それらの解説と関係する図像をタッチパネル式の画像で紹介することにしました。タッチパネルでは、鬼、天狗、船幽霊、座敷わらしなどの妖怪種目の解説のほかに、「妖怪とは」「妖怪を研究・紹介した人たち」「妖怪と神」「妖怪と芸能」「現代の妖怪」「アイヌの妖怪」「七不思議」「百物語」の項目を設けました。ちなみに「妖怪を研究・紹介した人たち」で取り上げた人物は、井上円了、柳田国男、江馬務、藤沢衛彦、宮田登、水木しげるです。

展示をつくっていく上で、演示とも深く関わって迷うこともしばしばありました。たとえば、妖怪にただよう妖しくぶきみな雰囲気は大切な属性であり魅力なのですが、それを展示でどう表現するかは思いのほか難しい。強調しすぎるとお化け屋敷的な展示になりかねないし、それでは今回の展示の狙いとはずれてくるので、学術的な成果に依拠しながら妖しい雰囲気をいかにかもし出すかに腐心しましたが、必ずしも成功しているとは言い難い面もあります。

それでは、〈河童と水〉について、四つの視点を述べます。

河童の伝承

河童伝承はほぼ全国的に分布していますが、ここでは九州の筑紫平野とその周辺の地域に注目しました。筑後川を境に広がる筑紫平野一帯に伝承されている河童の民俗を紹介しています。有明海に注ぐいくつもの河川をはじめ網の目のように走る水路は人びとに豊かな恵みをもたらし、日々の生活を支えてきましたが、一方では水難事故も多く、それはしばしば河童のしわざと考えられてきました。子どもを水の事故から守るための祭りや、河童像を祀る寺社など今も河童にまつわる民俗が色濃く伝承されています。

調査では、佐賀市を中心に佐賀県伊万里市、武雄市、福岡県久留米市、大川市、柳川市を歩き、収集した資料は写真やめくりで解説するとともに、松原神社河童像(複製)と北面天満神社河童像(複製)を展示しました。また、「佐賀市河童マップ」を作成して市内中心部の河童にちなむ行事や河童像などを紹介しました。河童は、人を水中に引きこむなどと恐れられる反面、火事のとき消火を手伝ってくれたとか人間を助ける話も伝えられています。そこには、水難事故や水害などの脅威と水がもたらす豊かな恵みという、水のもっている二つの面が投影しているのでしょう。河童について考えることは、人と水との関係、言いかえれば、河童の民俗をとおして人間と自然環境との関係を考えることにも通じています。

伝承世界の河童

河童にまつわる言い伝えは、土地によって変化に富んでいますが共通する点も多く見られます。ここでは代表的な特徴を紹介するとともに、河童の民俗に注目しました。河童の身体的な特徴、河童の好きなもの・嫌いなもの、呼称、民話などについて取り上げました。

河童といえば、子どもの背格好で頭にお皿があり、背中には甲羅を負い、手足の指には水掻《みずか》きがついているというのが一般的な姿でしょう。その歴史的な背景をたどるのは容易ではありませんが、江戸時代に描かれた「水虎の図」(川崎市市民ミュージアム蔵)を見ると、頭頂部に皿(くぼみ)があるおかっぱ頭で、とがった口と背中の甲羅、指には水掻きがついており、両手を下げて二本の足で立っている姿は人に近い。図には、手足は縮むと亀のように甲羅の内に入ると記されています。現在の河童は、かわいくて親しみやすいイメージが定着していますが、しかし、今日においても、河童の身体的な特徴に関する面では「水虎の図」と共通する伝承が広く見られます。こうした特徴を具えた河童像は、本草学などの関心にもとづく近世の知識人たちによって収集され、おもに江戸を中心に流通していた河童情報をもとに創造された姿ではないかと思われます。

近世知識人と河童

江戸時代中期以降、知識人たちのあいだに河童に対する関心が高まり、その姿や特徴などに関する情報が流通しました。背景には、河童を未確認の生物として実在を探求する本草学の思考があったといわれています。ここでは、おもに近世後期の、河童をめぐる知識人の活動とそのネットワークを描き、関連する資料を展示しました。

多くの知識人が河童に関する記録を残していますが、こうした活動の背景には、交通の発達にともなう各地の知識人のネットワークと情報の流通があります。なかでも、日田の代官羽倉秘救（一七四八―一八〇八）が文化二（一八〇五）年に、広瀬桃秋らに命じて行った九州北部（福岡県うきは市吉井町、大分県日田市とその周辺）の河童調査は、民俗学における聞き書き調査の先駆的な仕事といってよいでしょう。この調査をまとめた報告書『河童聞合』は、秘救の子どもである羽倉簡堂《はぐらかんどう》（一七九〇―一八六二。通称、外記。儒学者、代官）が所持し、後に、儒学者の古賀侗庵《こがどうあん》（一七八八―一八四七。古賀精里の三男）にその存在を伝えました。侗庵は『河童聞合』をもとに『水虎後略』や『水虎後略後編』を編み、大きな影響を与えましたが、グラフィックパネルでは、河童を通じて古賀侗庵につながるネットワークとして、林述斎（儒学者、大学頭）、栗本丹洲（幕府奥医師、本草学者）、松浦静山（平戸藩主）、羽倉簡堂との関係を示しました。

また、一八～一九世紀に河童に関心をもっていた人びととして、小野蘭山（本草学者）、根岸鎮衛（幕臣）、大田南畝（狂歌師、戯作者）、シーボルト（ドイツ人の医師）を紹介しました。

さまざまな河童イメージ

河童については、さまざまな姿かたちが想像（創造）されてきました。ここでは河童イメージの変遷を追いました。

江戸時代には、猿に似た姿のものや、餓鬼のようにやせ細った姿、亀やスッポンのような河童など多様な姿が描かれています。明治に入っても江戸時代の河童イメージを引き継いだ姿が多く描かれますが、その一方で、文明開化の風潮を反映した作品も登場します。河鍋暁斎の「暁斎楽画第三号 化々学校」(一八七四年)では、洋服を着た河童の先生が河童の子どもたちにローマ字を教えています。芥川龍之介が長崎滞在中の大正一一(一九二二)年に描いた「水虎晩帰之図」(長崎歴史文化博物館蔵)は、龍之介が描いた河童図のなかでも傑作といわれています。おかっぱ頭に皿をもつが甲羅はなくて乳房が見えます。長く伸びた手には魚を提げ、どこか飄々とした風情のなかに人間の精神の内面を表現しているようで、それまでの河童イメージとは大きく異なっています。

大正から昭和初期にかけては、芥川龍之介や、河童を好んで描いた小川芋銭が活躍しました。昭和一三(一九三八)年に出版された芋銭の『河童百図』では、河童をより人間らしい存在として描きました。この二人を中心にして、河童への関心が高まった時期です。第二次世界大戦後は、清水崑が描く河童が登場し話題を呼びました。清水は、『週刊朝日』に連載した「かっぱ天国」(一九五三~五八年)をはじめ、一九五五(昭和三〇)年から黄桜酒造のCMキャラクターとしてユーモラスで人情味あふれる河童を描き(一九七四(昭和四九)年から小島功が引き継ぐ)、当時の火野葦平の河童小説とともに、庶民の喜怒哀楽を映し出した作品として多くの人に受け入れられたのです。水木しげるの漫画「河童の三平」シリーズも子どもたちの幅広い支持を得て読み継がれ、主人公の河童の三平のイメージが広まっていきました。昭和の後期から平成にかけて、河童は漫画・テレビ・アニメ・町おこしなどさまざまなジャンルで多彩な活躍をするようになります。かわいくて親しみやすいイメージが定着する一方で、きれいな水の象徴として、環境を意識した河童像が水辺に姿を現わすようになりました。

妖怪の歴史と民俗

〈河童と水〉のテーマに並ぶもう一つの柱は〈妖怪の歴史と民俗〉です。ここでも三つの視点を定め、それに沿って展示をしましたので、紹介します。最初の「妖怪の創造と展開」では、室町時代以降、とくに江戸時代に数多く制作された妖怪絵巻を取り上げました。その中でも、道具の妖怪たちが生き生きと駆け回る「百鬼夜行図」に注目するとともに、併せて絵巻に描かれた妖怪たちのフィギュアを制作しました（写真1、2）。また、若侍の大石兵六が人を化かす狐退治にでかける絵巻「兵六物語」を紹介しました。妖怪絵本ともいうべき作品を出版し妖怪イメージの形成に影響を与えた鳥山石燕、幻想的で奇抜な発想の妖怪画を生みだした歌川国芳など、妖怪を描いた絵師は多い。江戸時代には、絵巻、草双紙、錦絵などさまざまなジャンルで妖怪を題材にした作品がつくられました。とくに、木版印刷の普及によりおびた

写真１　妖怪フィギュア１

だしい出版物が流通し、庶民が手にする機会もふえました。出版文化の広がりは、妖怪に関する情報が各地に伝播していく契機になったといえるでしょう。代表的な妖怪絵師を取り上げて紹介するとともに、鳥山石燕の『画図百鬼夜行』(一七七六年)や、竹原春泉斎画『絵本百物語』(一八四一年)などを展示しました。ほかにも、世相をうつす妖怪という観点から関連する錦絵や摺物などを展示しました。疫病の流行を予言するという「姫魚」や「尼彦」、安政江戸地震後に出回った鯰絵などです。

二つ目は「異界をのぞく」です。各地の民俗のなかには、通常では見ることのできない異界や妖怪の正体をのぞき見る呪術的なしぐさが伝承されています。狐の窓からのぞくと、狐の嫁入り行列が見えるとか、化け物の姿を見破ることができるといい、股のぞきをして見ると、船幽霊の正体や異国が見えるなどと伝えています。ここでは、異

写真2　妖怪フィギュア2

界をのぞく呪的なしぐさの諸相を描くとともに、関連する資料として『新板化物念気』（一八一九年）や歌川芳虎「時参不計狐嫁入見図」（一八六〇年）を展示しました。

三つ目は「あそびと妖怪」です。妖怪は、人間に災いをもたらす存在として恐れられてきただけでなく、あそびの対象にもなりました。江戸時代中期以降、都市を中心に妖怪を娯楽の素材として利用し楽しむ風潮が生まれ、さまざまなキャラクターがつくり出されました。化物双六や化物カルタ、紙の扉をめくるたびに絵柄が変わる「お化け行灯」など多彩です。近代には郷土玩具としても制作されました。ここでは、あそびにまつわる各種の妖怪玩具を展示しました（写真3・河童をモチーフとした凧）。

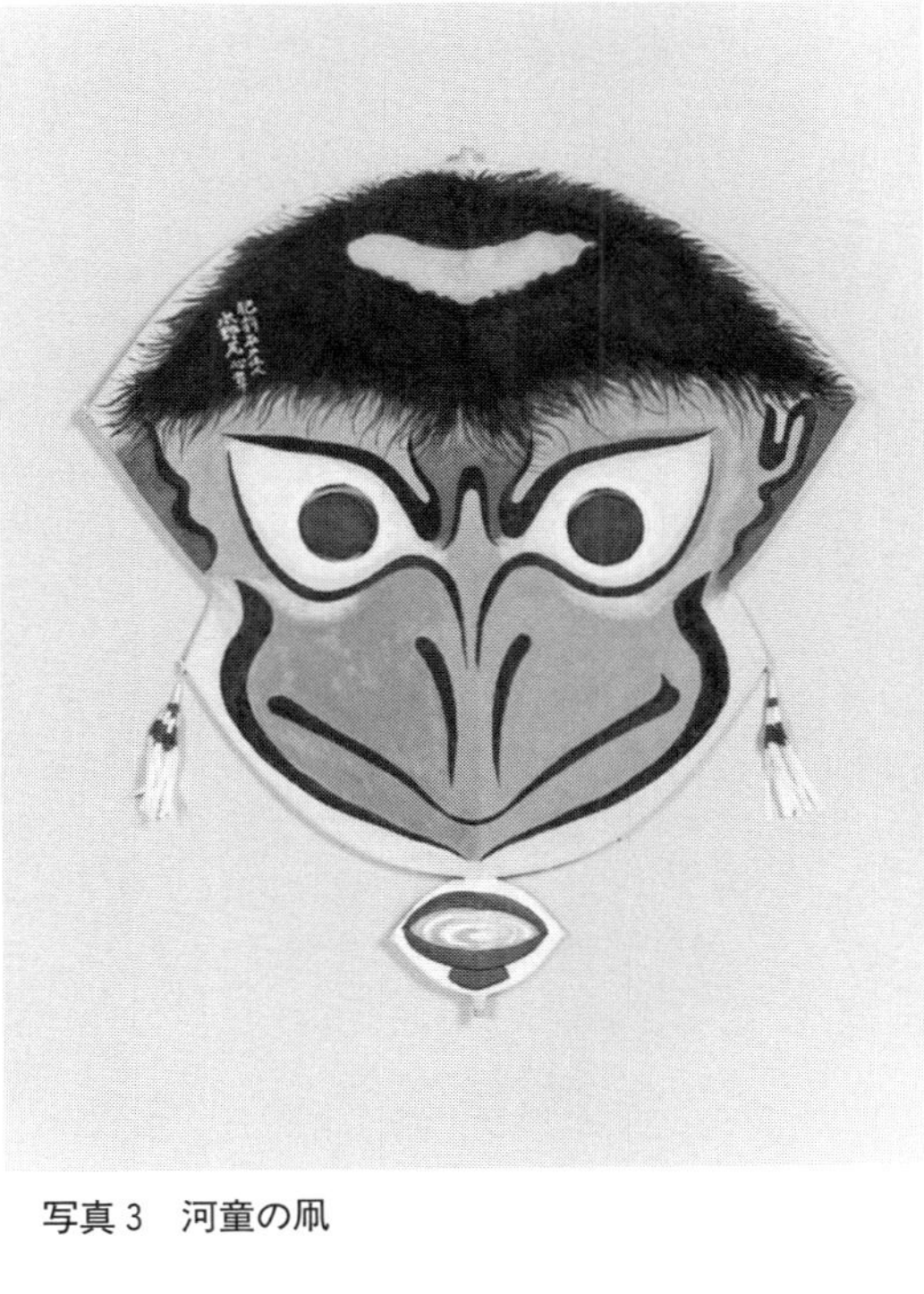

写真3　河童の凧

三　安らかなくらし

私たちは、日々の生活のなかに生じる喜びと不安を常に抱えながら生きています。ここでは、安らかな生活を願う人びとの心意に根ざした民俗に注目しました。このコーナーは前半が〈現代に生きるまじない〉〈幸運を招く〉で、後半が〈人生と祈り〉〈死と医療〉に分かれていますが、私が担当をした前半の説明をいたします。

現代に生きる呪《まじな》い

邪悪なものを防除する呪いなどの民俗を、身体、家、村や町という三つのレベルに分けて展示をしました。

以前、子どもがトイレで転んだり、誰かが排泄物を踏んだりすると、それを見ていた子が「○○ちゃん、エンガチョ、エンガチョ」といってはやしたてることがありました。はやされた子は、体になにか汚いものがまとわりついたような気分になるらしく、誰かに移そうとする。エンガチョは誰かに触ると本人から離れて相手に移るとされているのです。しかし、まわりの子は自分に移されないように「エンガチョかぎしめた」などといって、ある特別のしぐさをする。このしぐさをつくっているうちは、触られてもエンガチョに感染しないのです。こうした不浄感の感染を防ぐとされる呪的なしぐさに注目し、そのかたちを紹介しました。

「霊柩車に出合ったら親指を隠す」という呪いは広く知られています。霊柩車のほかにも、墓地のそばを通るときや救急車に出合ったときなどに隠すケースも少なくありません。そうしないと「親が早死にをする」などといいます。我が国で霊柩自動車が初めて運転されたのは大正期の前半だとされていますので、当然「霊柩車に出合ったら」という言い方はそれ以前に遡ることはありません。ただ、親指を隠すしぐさ自体は霊柩車の登場によって生まれたのではなく、それより前から行われていたと考えられます。小山田与清《おやまだともきよ》の『松屋筆記』(江戸時代)に、心配事のあるときには親指を隠せとの記事が見えています。霊柩車、救急車、墓地、病など、何らかの意味で不安を感じる場面に遭遇したとき、降りかかってくるかも知れぬ災禍を未然に防ぐ狙いがこのしぐさにはこめられているといえるでしょう。その際、親指を握り隠すのはなぜでしょうか。和歌山県橋本市高野口町で「親指を中にして手を握っていると狐にだまされない。魔物は親指の爪の間から入る」という俗信がその理由を端的に物語っています。現在ではほとんど気にする人はいませんが、かつては、目に見えない邪悪なモノが親指の先から侵入し害をもたらすとつよく意識されていました。親指を隠すのは「親を隠す」こと、つまり、親を守るためとの説明をよく耳にしますが、もともと親のためを思ってそうしたのではなく、自らの身体に災禍がおよぶのを防ぐために行われてきたのです。近世には「大指《おおゆび》」の名で親しまれていたこの指は、明治に入ると学校教育の場を通して「親指」の呼称が一般化していったことが「親指」から「親」への連想を容易にした一因かも知れません。

　邪悪なモノが家に入ってこないように、戸口や軒下に呪物をつるす門の守りの習俗も広く知られています（写真4）。ここでは、京都の門の守りを中心に取り上げました。祇園祭のときに山鉾で求める粽や、屋根の上から睨みを利かせる鐘馗像などを展示するとともに、多彩な魔除けについて写真等で紹介しました。また、千葉県の房総半島で見られるカニ殻掛けは、タカアシガニの甲羅を利用して怖い顔を画いたもので、かつては漁師さんの

写真4　いろいろな門の守り

家の戸口に飾られて魔除けの力を発揮しました。ほかにも、山犬の神札(埼玉県秩父市)、門入道(静岡県御殿場市)、ハリセンボンなどを展示しています。

町や村に災厄が入ってくるのを防ぐ民俗としては、田村市のお人形さまと千葉県旭市の道切りを展示しました。峠や村境には、防塞や除災の目的で道祖神や大人形を祀っているところがあります。福島県田村市 朴橋《ほうのきばし》に祀られているお人形様(写真5)は、高さ約三メートル、右手に薙刀をもった姿で磐城街道を見下ろすように立っています。伝承では、悪疫が流行ったときに疫病神を追い払うために祀ったのが始まりだといいます。毎年四月に「衣替え」といって、集落の保存会の人たちの手によって、藁の衣を新たにつくり、頭髪である杉の葉を取り替え、お面を塗り直します。地元の保存会の方々の協力を得て同じ大きさのものを制作し展示しました。

幸運を招く

災厄を排除する一方で、積極的に福運を招く縁起物の民俗もあります。ここでは、ダルマ(写真6)、招き猫

写真5　お人形様

写真６　さまざまなダルマ

写真７　招き猫

（写真7）、ビリケンを展示しました。ダルマ、招き猫は広く知られていますが、ビリケンは関西を中心に人気があります。幸運を招くとされる子ども姿の像で、一九〇八（明治四一）年にアメリカの女性美術家フローレンス・プレッツが考案したとされ、「幸運の神」として世界中に広がりました。日本では、一九一二（大正元）年に大阪の新世界の遊園地に置かれて名物になりましたが、遊園地の閉鎖とともに行方不明になりました。その後、一九七九（昭和五四）年に通天閣で新たにつくられたのです。足の裏をなでると願い事が叶うといわれ、関西を中心に人気が高い。アメリカでは、セントルイス大学に銅像があり、マスコットとして親しまれています。大阪の通天閣のビリケンを複製させていただきました。

以上、簡単ですが私が担当しました、「妖怪の世界」と「安らかなくらし」の前半部についてお話をさせていただきました。

■報告1

民俗文化の国際性―東アジアの視点から―

松尾恒一

本フォーラムのはじめに、新たな民俗展示の構築をともに行いました。教授の小池と常光から新展示の概要と趣旨について、説明をいたしました。

新民俗展示室は、「『民俗』へのまなざし」という現代の視点を重点に〝民俗〟を考えたゾーンから始まり、次に、「おそれと祈り」と題する、信仰や一年のくらしと信仰、生命の誕生と死の問題を中心としたゾーン。そして第三「くらしと技」の農耕や漁撈・漁業、商工業の伝統と現在をテーマにしたゾーンから構成されています。

「おそれと祈り」ゾーン、めぐる時間と祭りの趣旨

いずれのゾーンも旧展示を受け継いで、その後の三〇年を超える研究の進展と社会の変貌を重視して展示を構築しました。その中で、私は、信仰を担当し、「おそれと祈り」ゾーンの中で、「めぐる時間と祭り」と題して、一年をサイクルとしてめぐる生活と強い関連を有する祭礼を主として取り上げ、展示を構成しました。

日本各地の、おそらく年間一千をこえる行事、祭礼の中から、限られた展示スペースの中に、何を選定し展示するかが最初に直面した難しい問題でした。

まず、一年の替り目をどのように認識し、儀礼として実践していたのかといった問題設定より、稲作文化の視点からテーマを考えました。都市的生活が日本全国に広がり、生業における農耕の比重が低下した現在でも、正月に餅を供え、焼いたり雑煮に入れたりして食する習俗が続いているように、稲作、米と年の替り目の認識、信仰は強い結びつきがあります。

一年には、さまざまな行事、正月から始まり、節分や春秋の彼岸、端午の節供、盂蘭盆《うらぼん》、秋祭り、年末の酉の市まで、数多くの行事があります。その中から、現代の我々が「祭り」のことばからイメージするにぎやか、かつ山車など華やかな造形で表現される夏祭りを「めぐる時間と祭り」のもう一つのテーマとすることにしました。なぜ夏季ににぎやか、かつときに「喧嘩祭り」といった名がつけられるような、暴力的ともいえる荒々しい行事が行われるのか、といったことを趣旨とする展示を行うことを方針の一つとして定めました。こうした夏季の行事のにぎやかさ、華やかさの背景にも信仰を見出すことができるのですが、そうした側面をよく伝える行事として七月に行われる能登半島宇出津《うしつ》のあばれ祭《まつり》を取り上げました。

本行事は、平安時代、八〇〇年頃に新たに誕生した京の都において、御霊《ごりょう》信仰から発生した祇園御霊会《ごりょうえ》が江戸時代に地方に伝えられ、現在に続くもので、神輿を地面に叩きつけたり、海や川、さらに火の中に投げ込んだりするなど、見る人々をも興奮させる特徴ある作法が行われます。こうした特徴的な祭儀や、その信仰的な背景もお話したいのですが、本報告では、琉球地域において稲作文化と結びついた年中行事であり、また中国大陸との密接な交流の歴史を伝える、沖縄西表島《いりおもてじま》のハーリー船競争を含む年中行事に焦点をあてて報告し、さらに沖縄の民俗文化の現代社会における意義について考えていきたいと思います。

琉球、西表島の龍船競争

「めぐる時間と祭り」における稲作と年替りの認識・信仰を伝えている行事として、本土の民俗として広島県東城町の比婆《ひば》荒神《こうじん》神楽《かぐら》を、そして沖縄西表島の節祭《シチ》を選びました。亜熱帯の沖縄といえば、砂糖きびやマンゴー、パイナップルといったフルーツのイメージが強いのではないかと思いますが、本報告では、特に西表島の行事を取り上げて、民俗文化を考える上で、沖縄においても稲作が重要であることをまず考えたいと思います。

沖縄の芸能といえば、多くの人が思い浮かべるのはエイサーかと思いますが、西表島のハーリー船競争を含む行事を取り上げたのは、年替りと稲作文化といったテーマがまず決まり、こうした問題から、列島南西の琉球群島の民俗を考えようとしたからです。沖縄のハーリー船競争は、明代の中国が起源であることが明らかで、国際的な交流を背景とする民俗文化の形成といった視点も重視して、本行事に注目しました。

日本本土では、古代、遣隋使・遣唐使等により、主に唐代の仏教や五行思想が伝来し、日本の信仰に大きな影響を与え、現在に続いていますが、沖縄は、明・清代の中国文化の影響が、民俗レベルにまで及ぼしているのが特徴です。

ハーリー船の「ハーリー」は、漢字「爬龍《はりゅう》」に基づくといわれています。中国語では「龍船」「龍舟」両方の漢字を用いますが、「龍舟《ロンジョウ》」の方がより一般的なようです。この文字の通り、中国においては、龍の頭が船の先頭に付いているのが一般的です。沖縄では、伝来当初は、龍頭が付けられていたことが、『琉球貿易図屏風』（滋賀大学経済学部附属史料館蔵）などの絵画からも明らかですが（写真1）、現代では、長崎を含め（長崎では「ペーロン」の名で伝えられています）、龍頭がないサバニと呼ばれる流線型の木造船が使われるのが一般的です。

まず、この西表島のハーリー船競争を含む「節祭《シチ》」について解説したいと思いますが、旧展示の沖縄の信仰をテーマとしたコーナーと比較しながら、考えてゆきたいと思います。

旧展示では、沖縄の一つの海を背景に三つの民俗神が置かれていました(写真2)。左が宮古島のパーントゥ。中央が波照間のミルク(弥勒《みろく》、八重山方言では「ミリク」音がより近いので、以下「ミリク」と表記)、そして右側が波照間のフサマラーで、海の彼方の異郷ニライカナイからの来訪神の信仰をテーマとして、このような展示がされておりました。旧展示は、民俗のコンテクスト=時や場所、それらを伝える人々を重視した、再現展示という点が評価はされてきましたが、個々には誤解を招く部分もあったのではないかという懸念をもっています。

この旧展示のコーナーでは、異郷ニライカナイの信仰、海の彼方の異郷より、沖縄独自の民俗造形の、さまざまな神様が訪れるということは理解できますが、それぞれの地域での特色のある行事、これらそれぞれの神様が登場して、地域の生活や信仰が反映された歌謡、舞踊が行われたり、劇が行われたりする…、そうした状況、様子までは充分わかりません。来訪神の信仰は本土でも濃厚で、全国の諸所に見られます。春に山から神様が下りてきて、秋の収穫時

写真１　近世、那覇港でのハーリー船競争：
滋賀大学経済学部附属史料館蔵『琉球貿易図屏風』部分

まで田の神になるといった習俗はよく知られていますが、異界から神様が訪れるという信仰は、おそらく世界広くに見られるものです。そうした、来訪神信仰が沖縄にもあるといったこと、海洋に囲まれた島嶼で、海洋と来訪神信仰とが強く結びついているといった地域性以上の内容を、旧展示から理解するのは難しいのではないかと思います。

こうした問題を念頭に、新たに作った展示が、写真3です。限られたスペースの中で、多くの事例を紹介するよりも、事例を絞って、信仰と、信仰の表出としての祭儀をわかりやすく伝えることを目標としました。

まず、旧コーナーでも展示されていたミリクですが、海の彼方の異郷ニライカナイより訪れ、新しい年の稲をはじめとする五穀の豊穣をもたらしてくれると信仰され、実際に稲穂・粟穂をはじめとする五穀が籠に盛られて、ミリクはこの籠を捧げ持つ行列を引き連れて登場します。

節祭では、ミリクのためにさまざまな歌謡・舞踊等、芸能の奉納が行われますが、その中より獅子をとりあげました。獅子は、日本本土の諸所に見られるポピュラーな民俗芸能で

写真2　旧民俗展示室の沖縄の来訪神のコーナー

すが、この西表島の例を含めて、個人や地域の悪鬼・災厄の祓いといった信仰がこめられていることが多く、また、中国・朝鮮半島起源で、大陸でもポピュラーな神事的な芸能であり、こうした観点より、さまざまな奉納芸能のうちより獅子をとりあげました。

祭儀の場となる海浜には、「旗頭《はたがしら》」と呼ばれる長大な旗が立てられますが、沖縄全域に見られ、本行事を特徴づける資料として展示しました。

そして、本展示の眼目として、中国を起源として、地域的な変容を遂げたハーリー船（西表島のことばでは「パリャブニ」）を展示しましたが、龍舟、龍舟競渡の民俗的な意義についてさらに考えてきたいと思います。

ハーリー船競争—明からの伝来と変容—

沖縄における現代のハーリー船競争の分布図（後掲写真5）からも明らかなように、ハーリー船競争は、沖縄全域で行われている沖縄では非常に盛んな、ポピュラーな行事です。

その起源は、文献上にも明記されています。琉球の正史

写真3　新民俗展示室、西表島・節祭

『球陽』には、明の時代に龍舟競渡が琉球に伝えられたことが記されています。明の時代、明と琉球の間に貿易が行われておりましたが、中国における、端午の行事としての龍舟競渡が沖縄に伝えられていたことが次のようにはっきりと記されています。

旧記ニ曰ク、昔久米村・那覇・若狭町・垣花・泉崎・上泊・下泊等、爬龍舟数隻アリ。今ハ那覇・久米村・泊村ノ三隻アルノミ。四月二十八日ヨリ五月初日マテ、唐栄ノ前江ヲ競渡。初三日は西之海ニ浮べ、初四日ニハ那覇港ニ競渡スルナリ。

世譜ニ云ク、毎年五月ノ龍舟競渡ハ、コレ亦三十六姓ノ閩人、国ニ至リ、然ル後始メテ此舟ヲ造リ、江ニ競渡スト、云爾。

俗諺ニ曰ク、昔長浜大夫ナル者アリ。(氏姓未伝)命ヲ奉シテ閩ニ入リ南京ニ赴ク。已ニ龍舟ヲ傚フテ回来ル。即チ五月ノ初メ、舟ヲ造ッテ競渡シ、以太平ヲ祝スルナリト。而シテソノ大夫曾テ那覇西村ニ住ス。イマ其地ヲ呼ンデ長浜ト曰フ。是レニ由リ、毎年五月初三日、龍舟ニ乗ルモノ、必ス白帷子(カタビラホー)ヲ着シ、以テ西海ニ泛ブト、云兩。

一説ニ曰ク、南山王弟汪応祖、嘗テ南京ニ至リ、監ニ入テ業ヲ肄《ナラ》フ。時ニ龍舟ノ江ニ競渡スルヲ診テ、心甚ダ之レヲ慕フ。已ニ本国ニ帰ルヤ、地ヲ豊見城ニトシ江ニ臨ンデ一城ヲ築建シ、以テ栖居トナス。之レヲ名テ豊見城ト曰フ。此時汪応祖、中華ノ製法ニ傚フテ、龍舟ヲ創造シ、五月ノ初メ那覇江中ニ浮べ、以テ玩楽ヲナス。人皆コレヲ看テ競渡舟ヲ製ス。初四日ニ至リ、各邑ノ龍舟必ス城下ニ至リ、前江ヲ競渡シ以テ呈覧ニ備フ。

今世ニ至リ、毎年端午ノ前一日、那覇・久米村・泊村ノ龍舟三隻、必ス豊見瀬威部《イビ》ノ前ニ到リ、豊見城祝女、恭シク祭品ヲ備へ、以テ景福ヲ祈ル。龍舟人等、亦津屋ニ登リ、豊見瀬ニ向ヒ以テ拝礼ヲ行フ。此レヨリシテ始マルト云爾。然リ而シテ世ヲ歴ルコト久遠ニシテ、従ッテ稽詳スルナシ。

ここには、三十六姓の閩人《びんにん》と書いてありますが、閩とは福建のことで、福建の習俗が、伝えられたことがはっきりとわかります。

写真4は、歴博にある資料の一つで、江戸時代、中国の清の時代の、琉球と中国との航路図です。船は那覇から出発して、島伝いに中国をめざし、福建の港に到達します。福建に入って、ここから陸路で北京まで行くということになりますが、この中国の港のある地域、福建との文化的なつながりも非常に強いものがあったのです。

視点を中国に移してみましょう。次の図の上部は中国の現代の龍舟競渡の分布図です(写真5)。二〇一一、一二(平成二三、二四)年の催行についてweb-siteに基づいて作成したもので、日本にいながら外国の現行の年中行事のおおよそを把

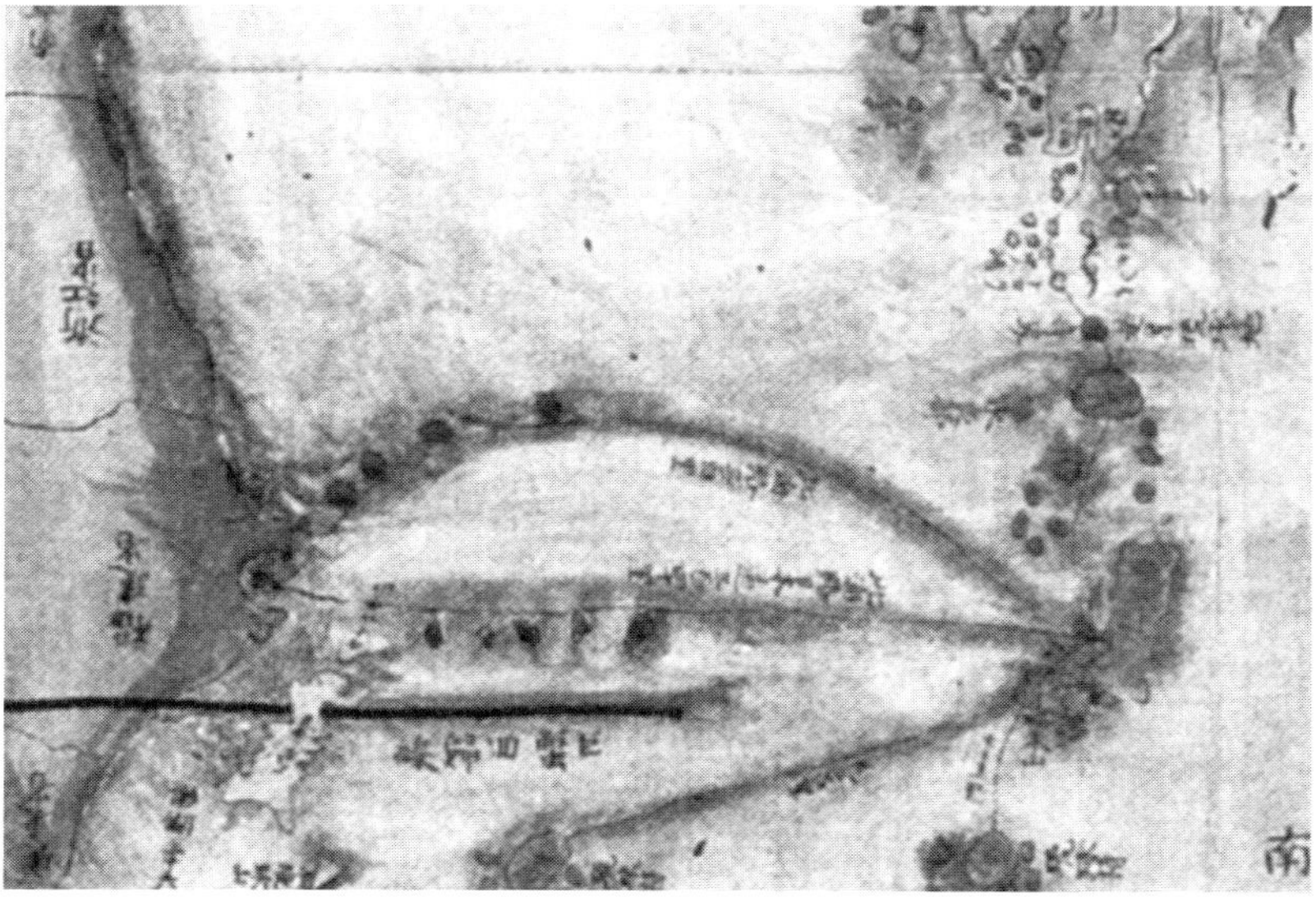

写真4　国立歴史民俗博物館蔵『三国通覧全図』

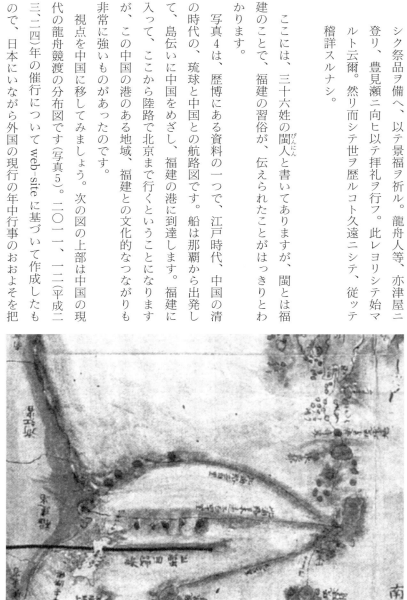

握できるのは、インターネットの普及した現代ならではです。

本分布図により、中国においても、現在、盛んに行われている民俗行事であることがわかりますが、このほとんどは、五月の端午の行事として行われている龍舟競渡です。

一方、琉球、沖縄地域ですが、福建の端午の龍舟競渡がまず、沖縄本島の那覇港より入り、五月四日の行事として行われるようになりました。なぜ、一日早く行い、「ユッカヌヒー(四日の日)」と呼称され、端午の意識が消えたのか、今後の研究課題になるでしょう。

このように、文献資料により琉球に明代の端午の行事としての龍舟競渡が入ったということがはっきりとわかります。

琉球の中心、本島の那覇に入っていった端午の龍舟競渡が沖縄全域にまず入り、沖縄本島全域に「ユッカヌヒー」行事として広まり、さらに西南に移っていく過程で変化していき、稲作の祈願と関わる「節祭《シチ》」「豊年祝《プーリーヨイ》」行事と結びついて変容していったのであろうと推測されます(写真5)。

この節祭ですが、正月のお節料理の節《せち》という発音に近いことに気づきます。行事の催行日は、収穫が完全に終了した、九月

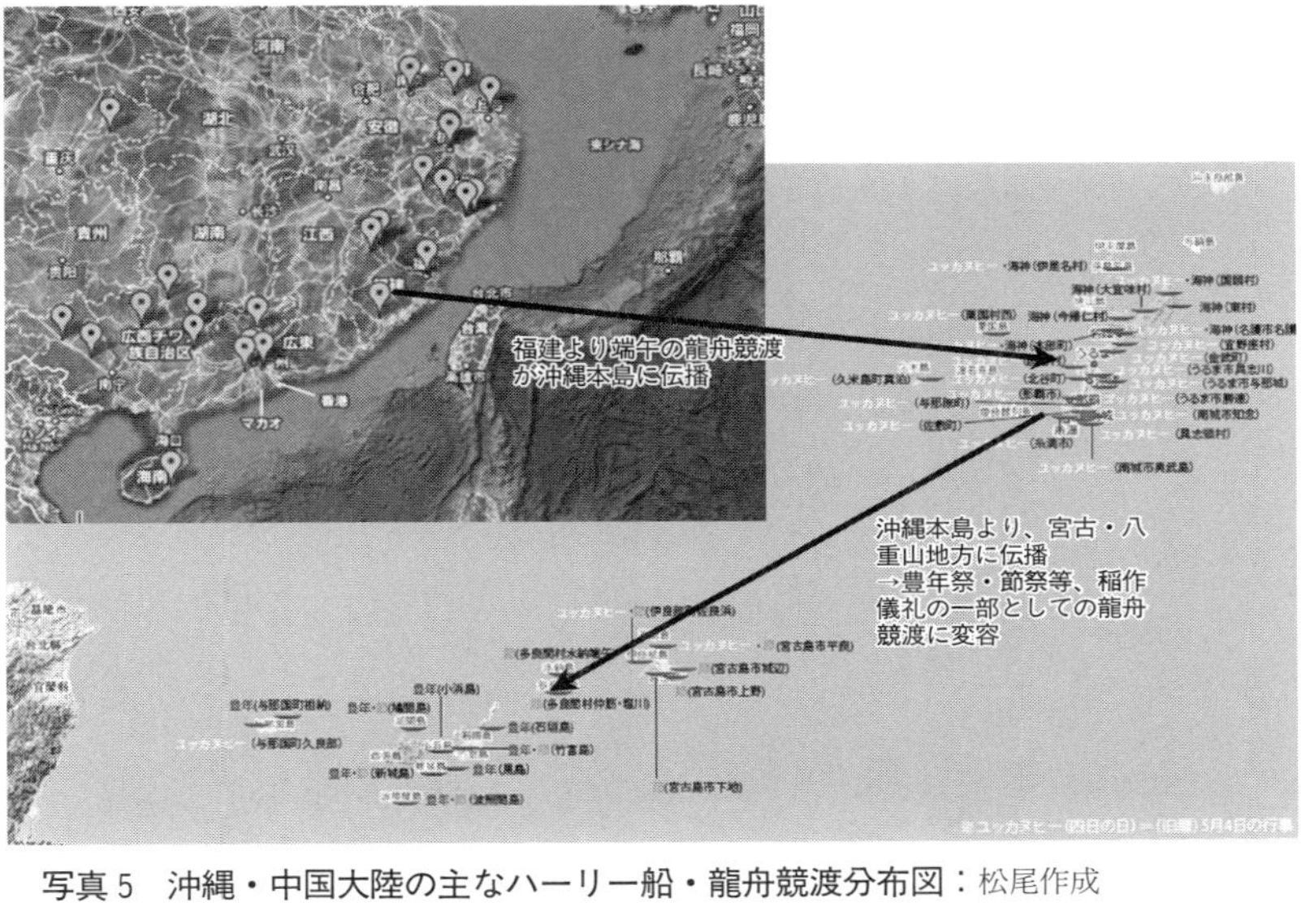

写真５　沖縄・中国大陸の主なハーリー船・龍舟競渡分布図：松尾作成

〜一〇月頃ですが、注目されるのは、この行事が「節」のことば通り、年の変わり目であると認識されていることで、地域の人たちは「節祭は農民の正月です」と明確に説明します。

龍舟競渡の行事とあわせて、ミリクが稲をはじめとする五穀を捧げ持つ行列が登場する点に、これがよく示されています。お供え物として、稲穂・粟穂、サツマイモ・麦・大豆等の五穀が供えられますが、これをもたらすのが海上から渡って来るミリクなのです。ミリクという仏教由来の神様ですが、ニライカナイの信仰と結びついて、海上彼方より登場し、稲の豊穣をもたらす民俗的な神様として信仰されているのです。

このときに重要な役割を果たすのが龍船です。節祭では、龍船競争が行われますが、勝った方の船に、このミリクが乗って、福をもたらしてくれると信仰されています。

浜辺には、先端に華やかな装飾の付けられた旗頭が立てられますが、その先端の造形にも稲作の豊作への願いが込められています。

その一つに「ガヒャ頭《がしら》」と呼ばれる旗頭がありますが(写真6)、頭の「ガヒャ」とは鎌のことです。中央の真っ赤な円形が太陽を表しているのは、すぐにわかるかと思いますが、この両脇に鎌があります。太陽の光がなくては稲が育ちません。鎌は、稲穂を刈り採るための道具です。その下には、鍬《くわ》と鋤《すき》が×型に交差するように付いています。田畑を耕す鍬と鋤があり、さらに山仕事をするための刀、そして直角定規である曲尺《かねじゃく》が下に付いています。頭の一番下には豊作になった米の入った豊年俵が山のように積まれている様子が表現されています。

写真6　西表島・祖納・節祭の旗頭の一つ
「ガヒャ頭」の頭部分

こうした造形から感じられるように、海岸で行われる行事ですが、稲の豊作を祈願する行事、農耕祈願の行事であることがはっきりとわかります。

節祭は、西表島では、慶来慶田城《けらいけだぐすく》による西表島統治の拠点となった祖納《そない》のほか、その隣の干立《ほしたて》集落でも行われておりますが、五穀豊穣を祈願する行事が海浜で行われている例として、西表島と同様に龍舟競渡が行われ、新しい年の豊年を約束するミリクが登場する、八重山地域の黒島の例も見てみましょう。

黒島では、稲の収穫後、七月後半に「豊年祝《プーリーヨイ》」において龍舟競渡が行われます。

八重山では、現在、お年寄りから聞き取りができる範囲では、かつては龍舟として、自分たちが島の杉材で作った刳り船（丸木舟）を使っていたといいますが、現在は流線型のサバニと呼ばれる船が使われるのが一般的です。しかしながら、黒島の船は刳り船ともサバニとも異なる和船に近い形態をしています（写真７ａ）。この船は、かつては、黒島の公用船でした。

写真 7a　黒島、ハーリー船：松尾撮影2010年７月

農耕行事〝豊年祝〟で、西表島と同様に、稲穂・粟穂、イモ等が盛られた籠を捧げた行列を従えたミリクが登場しますが(写真7b)、実は黒島では稲作はできません。

琉球群島には、二つのタイプの島があります。一つは、沖縄本島・奄美大島・石垣島・西表島のように、山があり川が流れ田畑ができる島です。もう一つは、サンゴ礁が海面上に浮き上がることによってできた隆起サンゴ礁の島で、土もなく、雨水の海への排出も早く、農耕には適さない島々です。

黒島は、この後者のタイプで、島では稲作はできません。それで、かつて黒島の人々は西表島に渡り、稲作を行っていました。西表島には、黒島の人々が耕作をする「黒島田《くろしまだ》」と呼ばれる田もありました。この黒島田の稲が稔ると、稲穂を積んで黒島に運びました。その稲穂を積んで運ぶ公用船が、現在、豊年祝の龍舟競渡で使われている船なのです。黒島には、造船の始まりを伝える伝説や、この伝説とかかわりの深い「船浦嶽」と呼ばれる御嶽も祀られています。龍舟競渡の背景として、単に行事の内容を理解するだけではなく、環境の条件、つまり、隆起サンゴ礁の島における、他島に渡って

写真 7b　黒島・豊年祝に登場するミリク：松尾撮影2010年７月

の稲作や、収穫物を運ぶ運搬船、その造船のこと等、環境と生業、他島との交流の関係、これらと関係する道具・用具等を総合的に理解することが、民俗文化の研究において非常に重要なのです。

沖縄本島より伝わり、稲作に関係する祈願の行事として変容して現在に伝承される西表島・黒島の二つ事例を紹介し、考察しました。

沖縄のイメージ通りの、美しい青い海で行われるのが印象的ですが、実はこれこそが、中国を起源としながら、中国とは異なる変容を遂げた大きな特徴です(写真７c)。

中国では龍舟競渡は、大陸の主に南部で、大きな河川で行われますが、沖縄には、龍舟競渡を行うほどの大河川はなく、海で行われます。海洋で行うようになった結果、海のかなたの異郷ニライカナイの信仰と結びつき、龍舟競渡もニライカナイ信仰と結びついて行事の意義が認識されるようになりました。龍舟競渡とともに、ニライカナイからの五穀の豊穣を約束するミリクが登場するようになり、端午の行事として行われていた龍舟競渡は、収穫後の感謝と、新たな年の豊作の

写真 7c　黒島・豊年祭におけるハーリー船競争：松尾撮影2010年７月

祈願をする行事へと変化していったのです。

龍舟競渡、ミリクの造形等、明らかに明代の中国起源の文化ですが、海洋に囲まれた琉球の島々の環境と、環境と関係の深い生業・生活、信仰と結びつきつつ変容し、現代に続いているのです。

一方、中国大陸だけでなく、台湾・東南アジアにまで、中国起源の龍舟競渡、dragon boat race の文化は広がっています。民俗文化を、日本列島だけでなく、東アジア、東南アジアまで視野に入れてみる必要性、文化を環境と、環境と結びついた生業・生活、信仰とともに比較研究する必要があるのです。

琉球の女性宗教者

なお、沖縄では、集落、家庭の共同体における共同祈願の中で、「ノロ」「ツカサ」と呼ばれる女性宗教者が重要な役割を果たしますが、先に紹介した『球陽』に明確に記されているように、興味深いのは、中国からの伝来当初より、祈願の神事的儀礼はノロによって行われていたことです。

写真8　久高島、アミドゥシ(網同士)：松尾撮影2004年12月

ここでは詳述できませんが、ノロ・ツカサは、琉球国における琉球王の姉妹より選任される聞得《きこえ》大君《おおぎみ》による首里城、斎場《せえふぁ》御嶽《うたき》の祭祀のあり方と照応しています。民俗学においては、姉妹神《をなりがみ》信仰としてよく知られ、多くの報告や研究の蓄積があります。

龍舟競渡の起源は中国ですが、伝来当初より、祈願の中核は、ノロが御嶽において祭祀を行うという、琉球独自の作法によって行われていたのです。

琉球においては、集落の農耕や航海安全にかかわる祈願の多くが、現在でも御嶽において、ノロやツカサによって行われていますが、ノロは、琉球王朝以来の系譜を引いており、特に集落の中心となるアムシラレと呼ばれるノロは、琉球国時代には琉球より任命されてその役に就きました。

日本本土では、神社の神主にしても、寺院の僧侶にしても集落や家族のための祈願を行う宗教者は男性が主であることが一般的ですが、琉球世界においては、女性の、琉球王朝の系譜を引く宗教者、ノロ、ツカサと呼ばれる女性が大きな役割を果たしてきました。

写真９　奄美大島、平瀬マンカイ：西田テル子撮影1990年頃

写真の一つ(写真8)は、久高島のノロの祈りの様子で、豊漁祈願の「アミドゥシ(網同士)」と呼ばれる行事です。網同士とは、漁師仲間のことで、豊漁と海での安全を祈願する行事です。

もう一つは、奄美大島の平瀬マンカイと呼ばれる行事で、写真9のようにノロたちが海辺の岩場で、稲の魂〝稲《いな》霊《だま》〟をニライカナイ(奄美大島のことばではネリヤカナヤ)より招き、豊作の感謝と翌年の祈願を行います。

琉球では、宮古上布《じょうふ》、八重山上布など、織物は女性の重要な公事で、本島の王府に無事に届けることはそれぞれの島々の集落に課せられた重要な務めでした。宮古島では、上布を港より運び出す際には、浜でツカサによる祈願を行い、七日の間、港での船の出入りを禁じたといいます(松尾「木霊・船霊信仰の呪法と伝説」日本口承文芸学会編『シリーズことばの世界』第3巻「はなす」所収、三弥井書店、二〇〇七年、参照)。

多くの群島からなる琉球弧は、漁撈・漁業だけでなく、島嶼間の交易も重要で、航海安全の祈願もノロ・ツカサの重要な務めだったのです。

中国大陸・台湾の龍舟競渡

龍舟競渡は、中国大陸・台湾でも、各地で民俗行事として行われていますが、そのほとんどが端午の行事としてです。私が、実際に調査したいくつかを紹介します。

台湾においても、それぞれの地域でやはり特色のある竜船競争の行事が行われます。

写真10は、台南運河で行われる龍舟競渡ですが、媽祖信仰と強く結びついています。台南には、台湾でももっとも大きい媽祖を祀る天后宮がありますが、台南運河の龍舟競渡では、この天后宮より、媽祖が河のほとりに招かれます(写真10ａｂｃ)。媽祖が勧請されて、媽祖に対する祈りとして、龍舟競渡が行われています。この龍舟競渡は、イベ

写真10a　台湾・台南運河、端午の龍舟競渡：松尾撮影2010年６月

ント的な性格も強く、龍船の船体の側面が電光で光るようになっていて、夜間まで、競争が行われます。夜、龍舟の浮かぶ水面が光る美しい様子を見ることができます。

次に、少数民族が行っている例として貴州のミャオ族《ぞく》(苗族)の龍舟競渡を紹介します(写真11ａ)。

この苗族の船は特殊な構造をしており、立って漕ぐのが特徴ですが、龍頭の首の部分に下げられている白いものは供えとしてのアヒルです。二羽が一組になって、脚と脚とが括られ、龍の首に下げられていて、パタパタ動いたりしています。

そして、競争が終わって船が戻って来ると、このお供えが、村の人たちに分けられて、その日のご馳走になるのです(写真11ｂｃ)。

少数民族の行事ですが、端午の儀礼食として粽《ちまき》も作られます。粽を壁に掛けている様子も見ることができますが、祭りの日に家の壁や高いところに供物を吊るす方法は日本でも見られます(写真11ｄ)。家屋に、神棚や床のような祭壇が作られる以前の古い作法が、日本と中国の

写真10b　運河のほとりに勧請される媽祖神を祀る天后宮：松尾撮影2010年６月

写真10c　運河のほとりに勧請される媽祖神：松尾撮影2010年６月

写真11a　ミャオ族（苗族）龍舟競渡：松尾撮影2011年６月

写真11b　龍舟の首に掛けられるアヒル：松尾撮影2011年６月

写真11c　龍舟の首から下ろされて村人に配られるアヒル：松尾撮影2011年６月

写真11d　ミャオ族、龍舟競渡の折の壁に掛けられる粽：松尾撮影2011年６月

少数民族の両方に見られるのもとても興味深く、注目されます。

都市化の中の民俗伝承—中国広州の場合—

現代の急速に都市化が進む地域の中で、民俗的なモノや行事、無形文化が衰退し、消失することが多いのは日本、中国のいずれにも共通しています。村落から人々は仕事を求め、あるいは高校、大学への進学のために都市に移住し、その結果、農村・漁村は過疎化して、伝統的な習俗が維持できなくなる傾向にあります。しかしながら、中国の例ですが、あまりに急激な短期間での都市化の中で、伝統的な文化が、かえって盛んに行われている興味深い例もあります。

そうした一例として、広州の中心部高層ビルの立ち並ぶ天河区猟徳《りょうとく》という地域の龍舟競渡の様子を紹介したいと思います（写真12）。

会場の河川の近くには『猟徳新村記』というタイトルの、「辛卯年」二〇一一年に立てられた碑が立てられており、猟徳という地域の経済発展が称えられています（写真13）。現代の大都市広州の光景からは、

写真12　広州猟徳の龍舟競渡：松尾撮影2012年６月

信じられませんが、ここは水田地帯で、人々が耕作をし、漁業を営んでいたこと、しかしながら、現代では、広州は国際的な大都市に発展したことが記されています。一般的には、珠江デルタ経済圏と呼ばれる商工業地域です（一九八〇年代以降の珠江デルタ地域の飛躍的な経済発展については、大泉啓一郎「珠江デルタ経済圏の台頭―メガリージョン化と持続的成長の課題―」『環太平洋ビジネス情報』RIM 2011 Vol. 11 No. 42 参照）。碑には、こうした農耕の行われた肥沃な地域が、国際的な経済都市になると同時に、獅子舞や龍舟競渡等の伝統も継続しつつ、人々が楽しい生活が送っていけますようにといった願いが述べられていて、都市化する中で、民俗行事を大切に伝えていこうという意志を、碑文からうかがうことができます。

この、龍舟競渡行う単位は、潘氏（現在約三〇〇〇人）、鐘氏（約一〇〇〇人）、陳氏（約五〇〇人）等、同氏同族の単位で行われます。この単位は、たとえば「林氏大宗祠」等と、氏の名が掲げられて、同族が祠堂を建てて祀ります。

この碑に記されるように、また中高年齢の人々には明確に記憶されているように（松尾は二〇一二年、康保成教授・儲冬

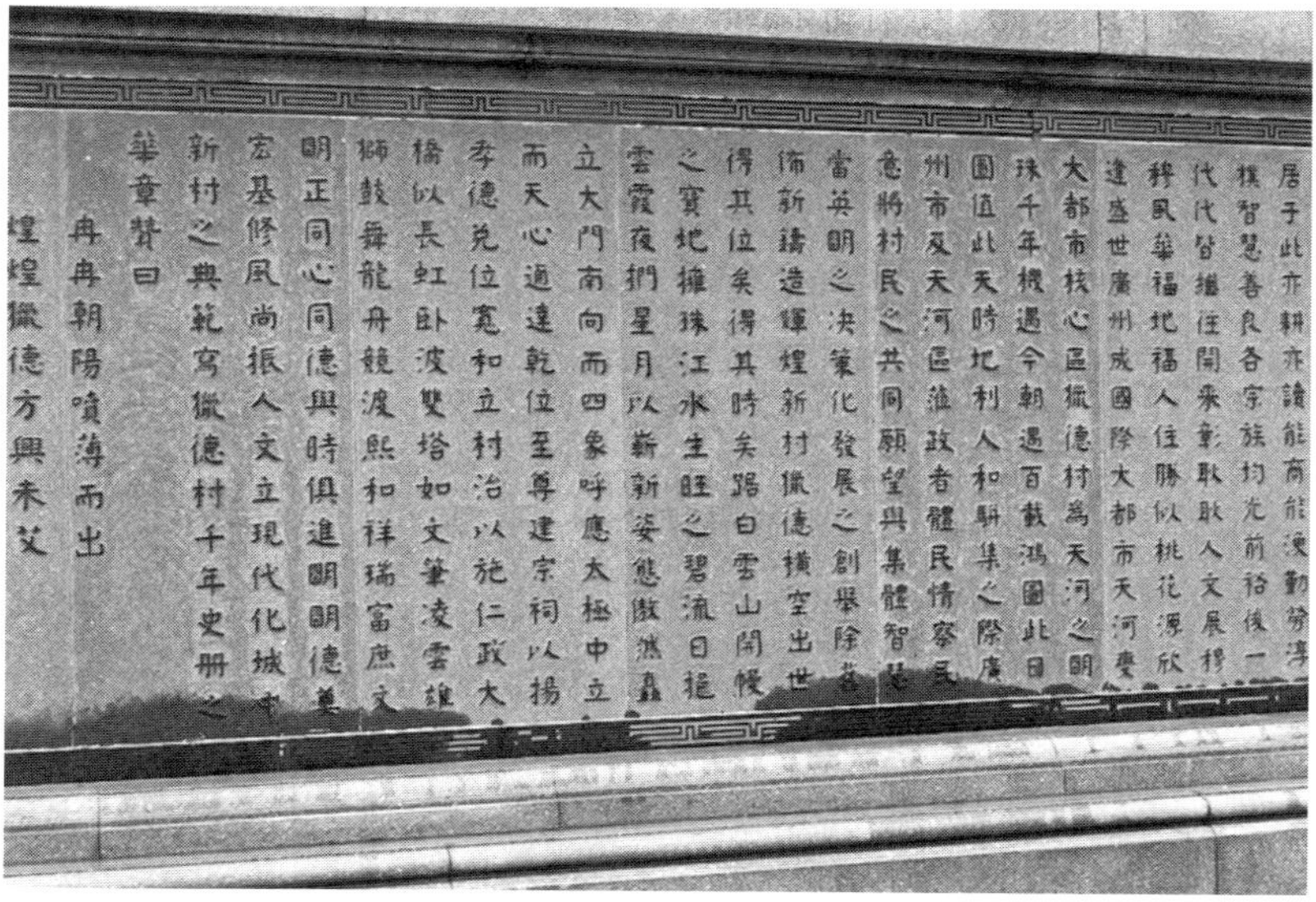

写真13　石碑『猟徳新村記』：松尾撮影2012年６月

愛教授の案内により当地の龍舟競渡の調査を行い、潘剣明保存会長等よりお話を伺った）、かつては農耕地帯で行われていた龍舟競渡が、現代では、高層ビルの林立する都市の中の観光的な性格の強い行事に変容し、現在に続いているのです。

それとともに、広州の多くの会社、企業からの寄付金も寄せられるようになったようで、「広州市農村商業銀行猟徳支店…万元」「中海発展（広州）有限公司…万元」等と記された赤い祝いの紙が会場の河川近くの目立つ場所に貼り掲げられているのを見ることができます（写真14）。商工業の経済発展とともに、企業からの経済的な協力が伝統行事の運営に大きな寄与をしていることがわかります。

さらに、紹介したいのは、龍舟競渡が終わった後の集落の様子です。川での競争が終わると、彼らの一族の公祠―日本の寺院、お堂に近い宗教建築で、同姓で構成される親族の信仰の拠点で、祝宴が行われます。写真15は、私の赴いた潘氏一族の「以良潘公祠」です。公祠の中には厨房が備えられ、ここで作られたご馳走が出され―龍舟競渡のと

写真14　猟徳の龍舟競渡のために企業から寄せられる祝いの貼り紙：
松尾撮影2012年６月

写真15a　潘氏一族の「以良潘公祠」：松尾撮影2012年６月

写真15b　公祠内の厨房での調理の様子：松尾撮影2012年６月

写真15c　公祠内の龍舟飯を囲んでの祝宴：
松尾撮影2012年６月

写真15d　公祠の周囲に立ち並ぶ高層住宅：
松尾撮影2012年６月

きの儀礼食を「龍舟飯《ロンジョウファン》」といいます—祝宴が行われます（写真15ａｂｃ）。注目されるのは、塀で囲まれたこの公祠の周囲にはマンションやアパート等の集合住宅が建っていることです（写真15ｄ）。

興味深いのは、このマンションの多くは、この地でかつて農耕を営んでいた住人がオーナーとなっていることで、彼らは、行政府の政策により農地を接収されて、その後にアパートやマンションが建ち、彼らはそのオーナーとなり、その賃料により、現在ではそれほど働かなくても、生活していける状況だといいます。アパートやマンションの住人の多くは、都市開発された広州の商工業地で働く農村部の出身者たちです（広州農村の都市開発と、そのための法整備、在来住民・流入住民それぞれの居住問題等については、三橋伸夫他の論文「中国広州市城中村の空間構成と整備方策に関する研究」『住総研 研究論文集』No.39、二〇一二年、が詳細である)。

都市化された広州での龍舟競渡は、観光客でにぎわい、また、運営費は、当地の企業の協賛金が少なからぬウェイトを占めています。行事の担い手の居住地は、農村から各地から仕事を求めて集住するマンション、アパートが立ち並ぶ街に変貌していますが、マンション、アパートに住む新住人は基本的に伝統行事への参与は許されていません。龍舟競渡の担い手は、地域の同姓氏族の専権で、新住人は、競渡の後の、居住地の目前の公祠での儀式にも加わることはできません(日本の神社では、氏子圏の人々が、移住者を含め信仰や意志と関係なく全ての人々が氏子となるのと決定的な違いですが、こうした神社と地域の氏子の関係は世界の中でも珍しいのかもしれません)。私が赴いた折、公祠の周囲に立ち並ぶアパートの上から、公祠での祝宴を眺めている、地方の農村出身の入居者と推測される人々が見下ろしている様子が印象的でした。彼らには、もちろん所属する職葉や学校があり、友人もいるにちがいありませんが、居住地域において何らかの地縁的な人間関係を作っているのでしょうか。

民俗や地域自治をめぐる旧住人と新住民との関係は、日本の地域社会においても重要な調査、考察課題になりますが、中国の場合には宗族や廟、祠堂の祭祀組織、相互扶助組織である帮《ほう》など、さまざまな人間関係や組織があり、これらの伝統的な組織と、都市化するとともに流入する新住人の関係、さらに経済の急激な成長を背景とする世代間の意識の差など、日本の地域社会以上に複雑なのではないかと感じます。

潘氏はじめ、龍舟競渡の担い手たちは、農耕の生活から、都市的な生活や経済面での享受に大きな満足を感じていますが、かつての生活に何らかの郷愁を感じているようです。私が、主にお話を伺ったのは、潘剣明保存会長ですが、彼は、特に、この端午節の龍舟競渡の期間中にはさまざまな新聞やテレビ局の取材を受け、また、小中学校を回って、この伝統行事を継承してゆくことがいかに重要かということを講演して回っています。急激な都市化により、彼らは、農耕従事者から賃貸経営者に変わり、オーナーになることによって、町から他地に移住する必要がなく、居住し続けられること、また経済基盤として、企業の協賛が得られるようになったことが、伝統の継承と発展に寄与していますが、潘剣明保存会長は、生活が都市化することによる、旧来の生活の消失に対する精神面での喪失感の大きさを語り、そうした中で、自分たちのアイデンティティーの上で、龍舟競渡の催行と継承がいかに重要であるかということを強く訴えていたのを忘れることができません。

沖縄郷友会と民俗伝承、エコツーリズムと大資本の参入

再び、西表島のハーリー船競争を含む節祭行事ですが、現代の継承といった点から考えてみたいと思います。

八重山の諸島嶼においては、実は伝統行事の継承が非常に難しい状況にあります。

八重山では、豊かな海洋、マングローブ、山等、自然を資源とした観光のほか、農耕・牧畜・漁業を主たる生業としています。

八重山の諸島嶼、西表島・竹富島・黒島・小浜島等において、人口流出を加速させている大きな要因は、石垣島以外には、高等学校がないことです。中学校を卒業すると、高等学校進学のために石垣島に移住しなくてはなりません。そうして、一度島から出ると、生まれ育った島に戻って仕事が保障されているわけではないので、再び戻ることが非常に困難な状況にあります。

沖縄では、同郷の人々の連帯の意識が強く、いくつもの郷友会が結成されていますが、島内の集落―島―県といったさまざまなレベルの郷友会があり、同胞・同朋、同郷者の集住する地域において組織されるので、複数個所に作られます。たとえば、西表島の場合には、石垣島内、沖縄本島(那覇)、東京のそれぞれに西表郷友会が組織されていま

す。

日本国内の複数地の郷友会の中でも、節祭等、行事の折に大きな協力をするのは、家族・親族が居住し、一時間程度で赴くことができる石垣島に組織されている西表郷友会です。彼らのほとんどは西表島に生まれ、中学卒業までを島で過ごしていますから、行事の際の歌謡・舞踊にも親しんでおり、年間の多くの祭り、行事は彼らの協力なくしては、催行できないのが現代の状況です。

さらに、伝統の継承といった問題の関連より、エコ・ツーリズムについても触れたいと思います。

西表島のエコ・ツーリズム協会は、地域主導で、自発的に組織されていますが、マクロに見れば、国家の主導する沖縄の国土利用計画に沿った活動でもあります(国土利用計画法第7条に基づく『第3次 沖縄県国土利用計画』(目標年次平成一七年)等参照)。八重山地域はリゾート開発をして、推進していくという大方針が打ち出されているのですが、こうした地域の自発的なエコ・ツーリズムの推進の一方で、島外からの大資本による大型の宿泊施設の建設などの、リゾート開発も行われています。大資本が入ってくることに対して、大きな期待を寄せる地域の人々も少なくありません。しかしながら、現実には、企業がリゾート事業に成功して利益をあげても、島民がそれほど潤うわけではなく、島内の雇用が劇的に増大するわけでもない。同時に大型のリゾート施設の建設は、環境破壊等の原因となり、観光資源としても重要な自然に大きなダメージを与えるなどの問題も起こっています。

こうしたことから、大資本による大型のリゾート施設の建設について、島の住人を賛成派と反対派とに二分するような、島内、あるいは集落内の人間関係に亀裂を生じさせるような状況も起こっています。

ここで、紹介したいのは、沖縄の県人会についてです。沖縄の郷友会の始まりといってよい組織ですが、沖縄県人会の会則には、会員相互の親睦、交流の促進のほかに、沖縄の軍事基地の縮小を含む平和推進に関する事業が次のようにはっきりと明記されています。

（事　業）
第3条　本会は前条の目的を達成するため次の事業を行う
（中略）
(5)　沖縄の軍事基地の縮小撤去を含む平和推進に関する事業

（『東京沖縄県人会会則』第一章　総則）

西表島からは、地域主導のエコ・ツーリズムの推進を訴え、大資本による島の開発に反対する web-site が発信されていますが、本HPは、沖縄本島の米軍基地移設問題についての web-site ともリンクしています。

農耕や漁労と結びついた民俗行事、その信仰的な側面や歌謡、舞踊の文化的価値を追究することは民俗学だけでなく、現代の文化研究としても非常に大切ですが、こうした伝統の継承が、第二次大戦を経て現在に続く状況、沖縄だけでなく全国を揺るがすような米軍の基地移設の問題、リゾート開発の推進を打ち出す国家的な方針のもとでの、地域主導のエコ・ツーリズムの推進と島外からの大資本の参入との葛藤や、地域自治に与える大きな影響…、等々も、文化の社会性や価値、――地域の文化は、誰にとっての、誰のものかといった問題を考える上で、避けて通ることのできない問題です。

本報告では、明代の中国の龍舟競渡を起源として沖縄本島に伝えられ、琉球群島全域に分布するハーリー船競争、同時に中国においても各地で行われている龍舟競渡について、民俗学の立場より考えてみました。

その現代性より、沖縄西表島の例と、中国の例として農村より都市へと変貌を遂げた広州猟徳での龍舟競渡の例について特に注目して取り上げ、考察しました。世界的に都市化が進む現代において、伝承が困難になる一方、継承する地域や地域住人にとっての過去と現代とを結ぶ精神的な役割が増大していること、地域性豊かな民俗文化が注目されることが地域にとって喜ばしいことである一方、文化財指定等を受け公共財としての性格を強めることが、地域や継承者に、それ以前にはなかった負担や困難さをもたらすことなども、ともに考えていきたいと思っています。

■報告2

職と技の民俗史—道具を視座に—

小池淳一

はじめに

それでは、私からは「職と技の民俗史—道具を視座に—」というタイトルで、お話をさせていただきたいと思います。

新しい第四展示室(民俗)のなかの「くらしと技」のコーナーの最初には尾形家住宅があります。大変に大きな尾形家のごく一部ですが、実寸大の造作をここに置いて、日本人の住まいというものを展示してみたわけです。東日本大震災で被災した気仙沼の沿岸部にあった尾形家を震災後の文化財レスキューの成果も含めて展示しています。そして、その次のコーナーが職の世界というところになっております。今日の私の話はこの箇所についてです。

尾形家住宅から

「くらしと技」の最初で尾形家を取り上げた理由というのは、家—民俗学では家族や家屋、そして家に対する意識やそれをめぐる先祖祭祀などの信仰も含めてイエと表記します—というのはさまざまな民俗文化の基盤であって、ここを舞台として多様な行事や儀礼が営まれて、生活が組み立てられてきたということを示そうとしたわけです。イエは、民俗の基盤ではありますけれども、いつの世も全く変わらないものではなくて、外の世界からの刺激や情報などによって、どんどん変化していくものであるという面も持っています。そうした変化の原因となるのが、「職の世界」で示したところです。尾形家住宅の次がその「職の世界」になっています。さまざまな人々の移動であったり、それによって生じる文化の伝播などを意識しているのです。その典型が商人や職人たちの活動である、そういう考え方でつなげているわけです。ですから、民俗の基盤としてのイエと、民俗の基盤を揺るがし、変化させていく人々の動きという順番になっているということです。

そういう大まかな流れなんですけど、具体的にどういうことになるか、例を挙げてみましょう。これは復元した尾形家のなかの箱階段です(写真1)。取っ手が付いておりまして、屋根裏に上がる際に使われる階段なんですけど、横の部分にはこういう取っ手が付いていて、引き出しがある。つまり、たんすにもなってるわけです。こ

写真１　尾形家の箱階段

のなかにいろいろな道具や生活用品が入っていました。震災によって、これらは全部、津波に押し流されてしまいました。そして、がれきのなかにあったものを私どもがレスキューして、尾形さんのお許しを得て、展示に組み込ませていただいたものです。

　この箱階段のたんすの引き出しのなかに、何が入っていたかというと、実は震災直前の生活のなかではそれほど、もう意識されてはいなかったんですけども、こういった富山の置き薬が入っていたんです（写真２）。この置き薬、これは展示場の、先ほど最初に見た「職の世界」のすぐ隣のコーナーに、こういう展示をしております。こういった箱に薬類をしまっておいて、使った分だけお金を後で払うという、ご存じの方もいらっしゃると思いますが、いわゆる「置き薬」のやり方ですけども、これが回収に来なくなって、そのまま最後に置いておかれた薬が入っておりました。それが、津波によって、出てきたというか、散乱してしまったわけです。ですから、ああいう築二百年の歴史がありました尾形家住宅のなかで、

写真２　富山の置き薬の展示

延々と生活によって、蓄積されてきた、ため込まれてきたさまざまなもの、それらのなかには、こういった外からの商人たちの、人々の動きによって、持ちこまれたものもあるよ、ということなんです。

職とはなにか

そういった蓄積して、生活をゆるやかに変化させていく様相を、姿を、とらえていくにはどうしたらいいのかということで、次のコーナー、「職の世界」があるわけです。

ここで、職とはなにかということを振り返っておきたいんですけども、実は日本の文化のなかで、職という考え方、概念はイエと不可分であったと言えると思うんです。それは、家職、家の職というような言い方、あるいは歴史学では、官司請負制と言うんだそうですけれども、これをどういうことなのか、ごくごく簡単にまとめてみると、一つの家と国家体制のなかのある役職とが、きちんと結びついていて、その家に生まれたら、必ずその仕事をすることになる、ということなんですね。一番、端的なのは皆さんもご存じのように、藤原家、正確には藤原北家に生まれた場合には摂政、関白になるんだと、そういうルールというか、習慣があって、藤原家に生まれた以上はどんどん、どんどん出世していって、摂政、関白をやって、天皇を補佐するんだというふうになっていく。そういった伝統はもう中世には出来上がっていて、日本の国家体制というのは、そういった家と役職とが結びついていくことで、ある意味では形作られてきたんだということを、中世史の研究者である佐藤進一さんが一九八三年に書かれた『日本の中世国家』という本のなかで、指摘されています。家というのは、そういう職業、この場合は特定の役職ですが、そういったものと結びついていくんです。

イエと職というのは、そういった結びつきが日本の歴史のなかに見いだせるわけなんですが、一方の職というものについても歴史的な世界をふまえて確認しておきたいことがあります。実はわれわれは現代では、手工業のことを職と思いがちですけれども、中世には「道々の者」とか、「諸道」という言い方で、農耕以外のなりわいをする人々、それに関わっている人たちを広く職人と言ったんです。つまり、現代の職人という言葉が指してる範囲よりもはるかに広い範囲を職人と呼んでいたということが指摘されています。ですから、職人をとらえるということは、日本の歴史のなかで、さまざまななりわい、生業に目を向けることで、いろんな労働の姿があったんだということをとらえることになると思います。そしてこのことは、別に中世社会の問題に限られるわけではなくて、現代社会とも通じてると思うんです。農業が基幹産業でなくなった現代社会と似た様相を呈していると私は思います。そう考えてくると、職人を考えるということは、そういった現代社会をとらえる視点にもつながっているんだということになろうと思います。

その職の世界のコーナーは、こんなようなコーナーになっております（写真3）。まだお出かけでない方は、ぜひお出かけいただいて、見ていただきたいなと思っております。

そのなかで、非常に民俗展示らしいなと、自分でも考えていますのが、この部分であります（写真4）。この展示ケースの一番奥に、『職人歌合』を出しております。『職人歌合』というのは、中世の、先ほど申し上げた、さまざまななりわいの人々を、絵に描いて、和歌を詠んだということにして、歌と絵とが描かれている巻物です（写真5）。その次に置いてありますのは、「秤《はかり》の本地」という、これは近世の初めぐらいだと思うんですけども―文化史的には中世の末ですね―、商人たちが自分たちの職業の由来、つまり、なぜ自分たちは商いをするのかということを書き記した巻物を持ち伝えておりまして、それをここに出しております。巻物のなかでもこれは、行商人たちが持っている秤です（写真6）。てんびん秤の由来を説いている部分です。

もう一つ、同じケースのなかには連雀商人札というものを展示してあります（写真7）。これは、群馬県の前橋の連

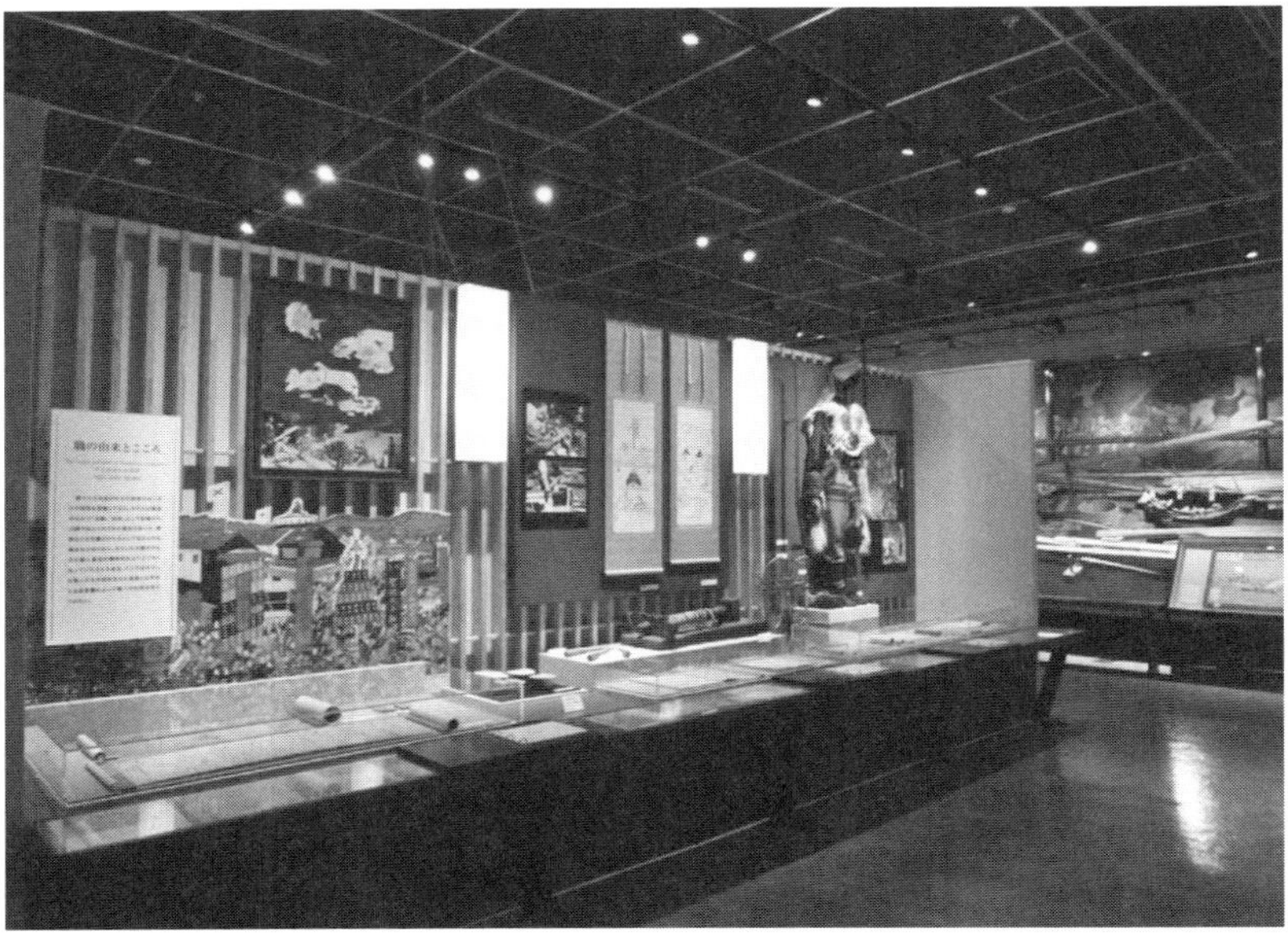

写真 3　職の世界の展示

写真 4　職の由来とこころの展示ケースの中身

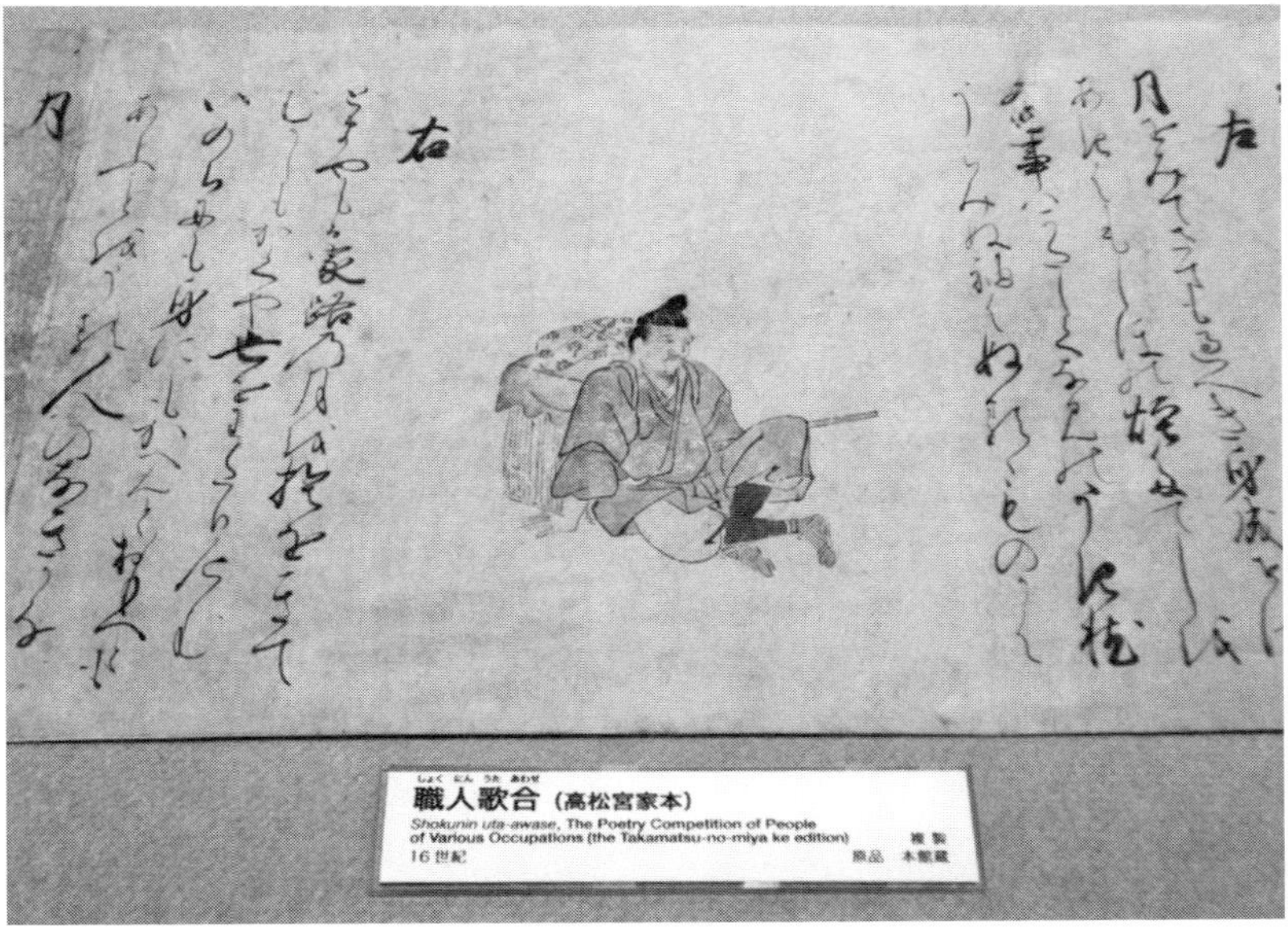

写真5　職人歌合

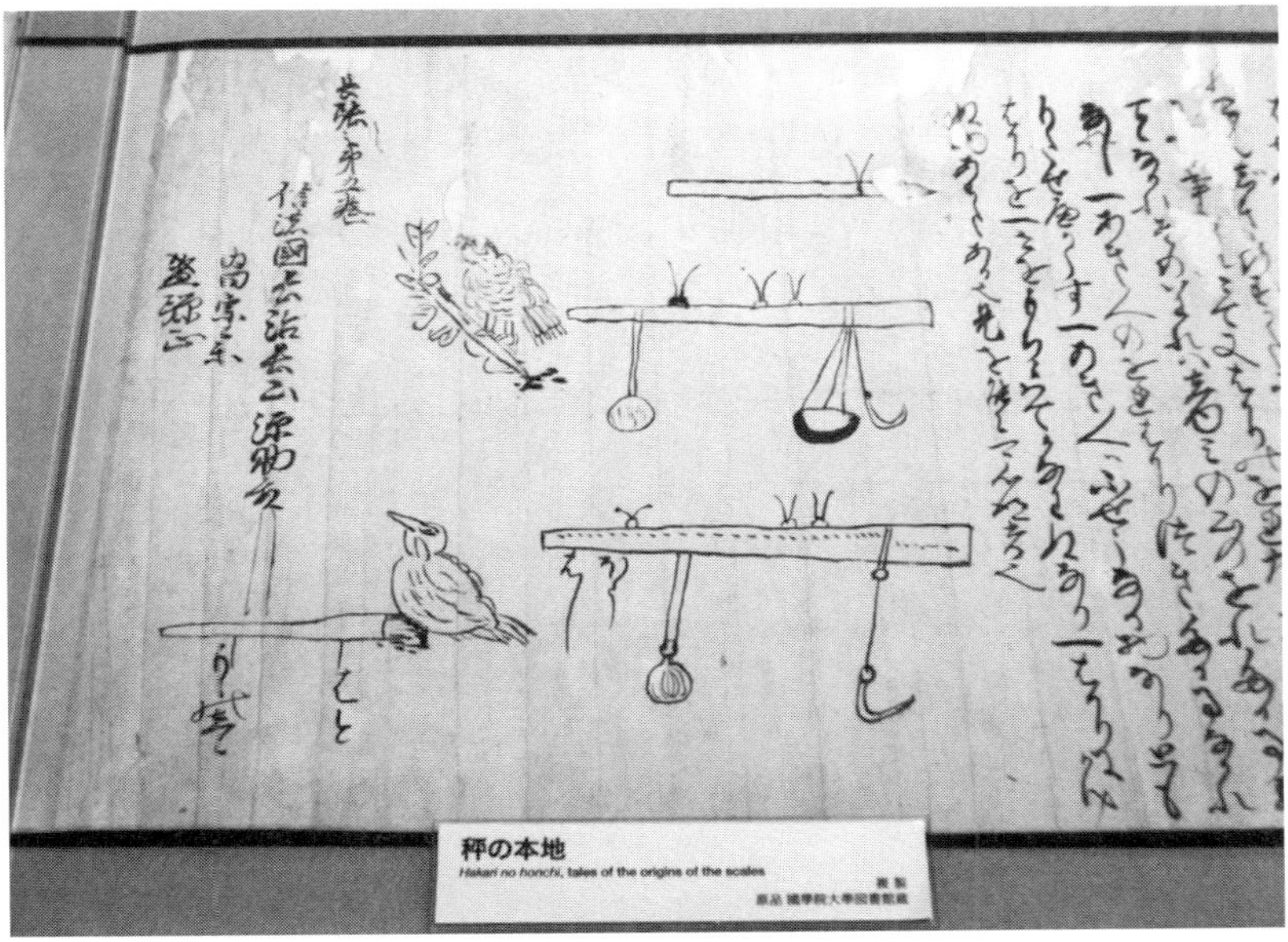

写真6　秤の本地

雀商人という行商人たちの組合の鑑札なんです。明治時代、明治のごく初めのものであります。これらがなぜ、民俗展示らしいのか。それは、今申し上げたようにこれら三つの資料が―中世の『職人歌合』と近世の『秤の本地』と明治の連雀商人の鑑札―、生み出された時代で言えば、中世と近世、そして近代のものが一つのケースのなかに入れてあるというところです。歴博のほかの展示室なら、これは中世だから第二室に、近世は第三室に、そして明治のものは第五室で展示すべきものです。それらを一つのコーナー、一つのケースにまとめてみたということです。こういったことはある程度、実は歴史の博物館としては冒険でしたけれども、あえてそれをやりました。時代で切ってしまうのではなく、旅をしながら商いをする人々をめぐる資料を一箇所に集めてみて、歴史の流れを貫いている旅と商業との深い関わりに思いをはせて欲しいというのが、ここでの展示の意図なんです。

道具と巻物

それに加えて、道具と巻物を一緒に展示しています。

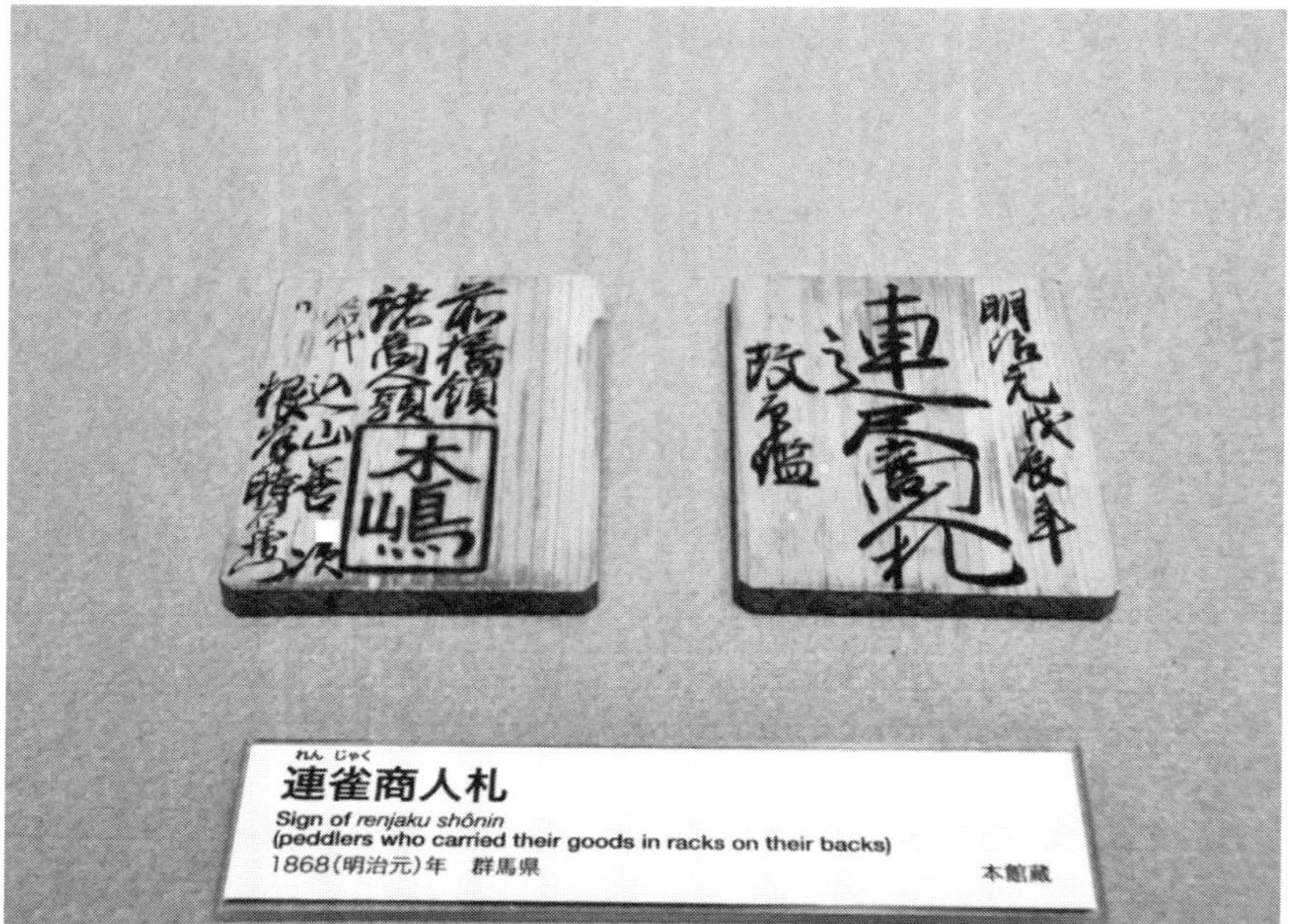

写真7　連雀商人札

巻物は文字と若干の絵とで、いろいろと職をめぐる由来などが書かれているものですけれども、厳密に考えると、職人の技術とはあまり関係のないはずのものです。職人さんというのは、自分たちの作り出していくモノとそれを生み出す技術には責任持つけれども、その由来に関してはあまり興味や関心を持ってないことが多いんです。けれども、敢えてそういったものも一緒に展示をしてみました。なぜそのような試みをしたかというと、それは職人さんたちと、それ以外の人々との、つまりは社会とのつながりを示す重要な資料だと考えたからであります。

ここでは職人の内的な世界、内側の論理や思考だけではなくて、その職人たちの社会的な位置というものも考えようとしたわけです。どういう点で重要な資料になるかと言いますと、それは、その巻物の内容でありますとか、どういう形を取っているか、どのように利用されるか、そして、その巻物は誰によって書かれたのか。さらには、その巻物を持つということはどういう意識で、持ち伝えているのか、ということを探ることにつながっていきます。つまり、こういった巻物を道具と一緒に展示することで、文字資料を一緒に提示することで、技術そのものだけではなく、文字記録との関係も意識して、歴史学的な視点による検討も可能になるようにしてあるということなんです。

職縁という視座

このことはさらに現代的な職というものの位相にもつながっています。つまり、職というものを視座として民俗を見ていくと、今申し上げてきたように、さまざまな、多様な生業をまとめてとらえていくことになります。現代人が第一次産業、農業だけをやってるんではなくて、さまざまなサービス業とか通信業とかいろんなことに携わっている。一つの会社でも営業をやったり、製品の開発をやったり、工場部門の生産管理をやったりしている。そういったような、いろんな仕事、生業、なりわい、職の複合が見られる。そういった様相を、まとめてとらえていく、そのような視点を得ることができるのではないか。職というものから現代社会を考えていく糸口にもしたい、という思いがあります。

それからもう一つ、民俗学的に重要なのは、土地とそれに対するこだわりとの関係です。これは専門的に言うと、地縁であるとか血縁という人々をつなぐ関係性の問題になるわけです。民俗学ではさまざまな社会的な人間相互の結合の様式を土地との関係性、地域における人間関係に注目して地縁という観念を提出してきました。また一方で血のつながり、血縁関係というものも社会的結合の重要かつ基本的なものであると考えて、これを血縁として抽象化してきました。この地縁と血縁という社会的な結合のありかたを軸に日本の社会をとらえてきたわけですね。

けれども、そういった地縁あるいは血縁といったものを相対化して、むしろ、自分自身の体や、体が習得している技術を人と人とを結ぶ媒介として考えることはできないだろうか。同じ技術を扱うということを通じた、つまり、職を通じた人間のつながりを対象化していくということが、職をとらえる視点になるのではないか、と思います。職の世界というコーナーのもう一つの眼目と言いますか、わざわざイエに続いて、職を出していったのは、地縁と血縁を集約し、そうした伝統的な人間関係によってイエが存在してきたのに対して、他の関係、つながりとしての職縁といった見方を提示してみたいという、そういった意味合いがあるということなんです。

こうした職縁という考え方は民俗学のなかで決して熟したものではありませんし、展示としても中世以来のさまざまな職のありようを提示するということに表面的にはとどまっているのですけれど、今後の研究の可能性や方向性として、イエをめぐる世界と職人の世界とを連続させているこうした展示から、そうした意図や目論見を読み込んでいただきたい、ということなのです。

技と道具

さて、そうした職の特徴である技の問題を次にお話していきたいと思います。技術の形や姿の問題ですね。今まで申し上げてきたように、職人さんたちは、いろいろな技を駆使して、モノを作り上げていきますけれども、その技というのは厳密には形には残りません。形に残るモノは作品であるとか、製品であるとか、あるいは大きな建築物であるとか、そういったような技を駆使して作り上げたモノが残るだけなんです。職人さんたちの技をとらえるのは、極めて難しいということになろうかと思います。

それでは、その技をどういうふうに提示したらいいのか。そういった作品や製品、建築物などといった成果物以外で、とらえる方法はないのかということなんですけれども、それを道具に注目することで示せないだろうか、と考えました。道具を見ていくことによって、技の姿を、あるいは技の形をとらえ、突き詰めていくことができると考えられます。技を支え、ふちどっていく存在として道具をとらえてみようと思うわけです。

そういうわけで、次に道具について考えてみたいのです。

まず、道具というものの基本的な性質とはどのようなことなのか、ということになります。道具というのは基本的には手足の延長だとよく言われます。手を伸ばして取れない物を、さらに棒を使うことによって、手が届くようになる。あるいは、ちょっとよく目が見えないから、目が悪くなったから、眼鏡という道具を使って、視力を矯正、補強する。そういうふうに、手足を延長、五官の延長、身体のさまざまな感覚や機能を拡大するというのが道具の基本的な性質です。

さらに日本でよく発達している木工をはじめとする職人さんたちの道具については、人と物との対話の通訳を示すんだという見方を、建築史の村松貞次郎さんが『道具と手仕事』(岩波書店、一九九七年)という本で示されています。通訳という言い方、ちょっとピンとこないかもしれませんですけれども、どういうことか私なりにかみ砕いてみますと、素材と作り上げていく目標あるいはプロダクツと人との間に、どういうような形が想定できるか、関係が想定できるかということが道具に現れるんだということなんです。要するに、木を薄く削るためにはこういった道具が必要である。木を丸く削るためにはこういった道具が必要である。その道具を見ることによって物との関係性が見えてくる。これが村松さんの言いたいことなんだろうと思います。ですから、ここでの問題意識からするならば、技というものを見ようとしたら、それは道具をとらえればいいんだということになるわけです。

同じ木材を材料としてさまざまな多様な物を作っていく、その場合の技、アプローチの相互の差異をとらえるためには道具を糸口に考えていけばよいわけです。切削する場合でも湾曲させる場合でも基礎的な動作は共通しながらも道具を見ていくと違いがある。あるいはそれぞれの技を支えている工夫や力点の置き方の違いが表出していると考えられるわけですね。そういうふうに職人の技を展示しようとする場合、道具とはかなり有効な指標になるわけです。

巻物の意味

さらにもう一つ、ここでの展示のポイントとしては、そうした道具と一緒に巻物を展示しています。有形の民俗資料と文字資料とを一緒に展示しました。道具に技が集約される、あるいは象徴されるということに対して、巻物にはどういった意味があるのかということなんですが、職人さんたちは、「これは、俺たちの技術が一人前である、俺が一人前の職人である、そういったことの証明なんだ」という意識で持っている場合が多いんです。こうした巻物を持っているということは、一人前の証だとおっしゃいます。つまり、それを持っていること自体に意味があって、実はその内容はそれほど気にしない。巻物という形で、自分たちの技が保証されてるんだということが大事なんだ、形が大事なんだととらえることができます。

現に民俗調査、つまり聞き取りをする、職人さんたちと話をしているなかでは「いや、巻物の中身を細かく読んだことはないんだ」とか、「深く、気にしないんだ」とおっしゃることが多いんです。いちいち巻物を開いて、仕事をチェックしたりするようなことは、まずない。それは全部、頭のなかに、体にガッチリとしみ込んでるんだ、という言い方をされる場合が多いんです。

ただし、本当にそうなのか。巻物に書かれてる中身、内容と職人さん、特にその技術との間には全く関係がないのか。私はそうではないんだろうと思います。職人さんたちがそういった巻物を持ち歩くということは、実は職人さんたちが主宰するさまざまな儀礼とその裏付けの記録なんだと思います。そのことを具体的に、残りの時間で、屋根葺きの職人と番匠《ばんじょう》、番匠は大工さんの古い言い方ですけれども、大工の所持してきた巻物を例に見ていきたいと思います。

技術と呪術—屋根葺と番匠とを例に—

写真8は、屋根葺職人が持ち伝えてきた巻物であります。そして職人さんたちは先ほども申し上げたように、この巻物を持っていると一人前だと考えられている。福島県の会津地方のものです。いろいろなことが記されているんですけども、写真8のように屋根葺のカヤを切るときのはさみと、ガイキという、かやを整えるための棒です、それが描いてある。それには「水止云心成故(水という心なるゆえ)」と書いてあるんです。

これは屋根葺の職人さんの使う、はさみと、ガイキ、道具をこういうふうに重ねて置くことで、水という字を作っている。これをいきなり水と読めと言われると、ちょっとつらいかもしれませんけれども、よく見ると確かにこれは水と読めないこともない。なんで、そういった道具を使って、水の字を書くのだろうということが次の問題になるんですが、隣の展示スペースには同じ会津地方の番匠、大工さんの巻物を出しておきました。ここにもやはり道具を置いていています。道具の置き方が書かれています。

写真9を見てください。これ(右)は曲尺《かねじゃく》です。これ(中央)は墨壺です。さらに墨さしがあって、こちら(左)は手斧《ちょうな》

です、斧ですね。こうなるとこれは、なんとか読めますよね。これも、水という字を道具を組み合わせて作ってるんです。これは、上棟式のとき、家屋が大体出来上がった際に行う儀礼のときに、そういう家を造るために使ってきた道具を最後はこういうふうに並べておいて、これで儀礼を行う。そうした儀礼の作法が巻物のなかには書かれているわけなんです。

そこで展示では、こういうふうに実際に道具を置いてみました(写真10)。儀礼のときの置き方で、曲尺があって、墨壺があって、墨さしがあって、手斧がある。これで水という字を書いているというふうに具体的に並べておきました。ご覧になった方のなかには変な置き方してるな、と思われた方がいらっしゃるかもしれませんけども、これは巻物のなかに示されている儀礼のやり方をそのまま復元したということなんです。

これは何を意味するのか。どういうことが見えてくるのか、と言いますと、これは技術というのは見方によっては呪術であるということなんですね。つまりおまじないなん

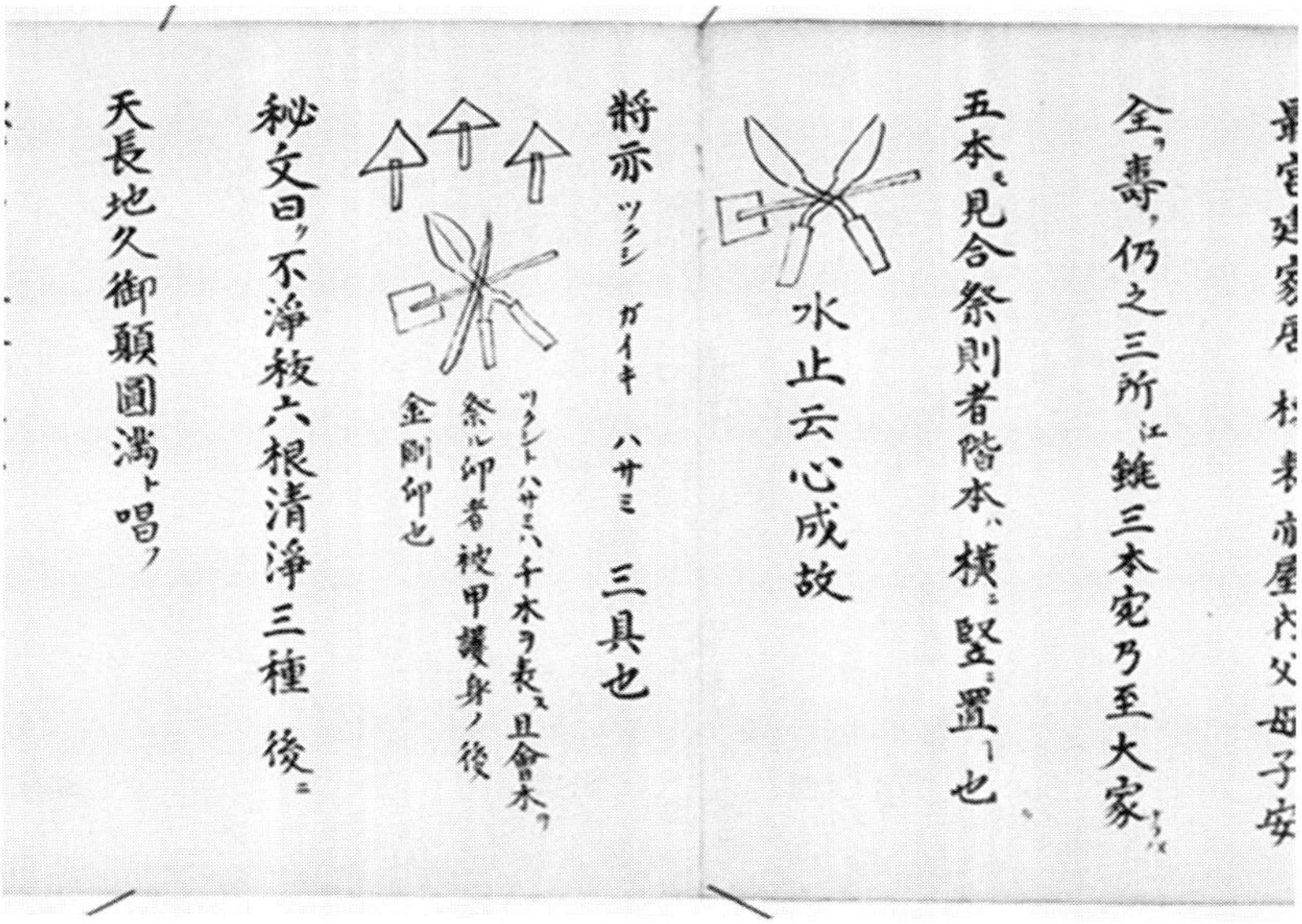

写真8　屋根葺の巻物

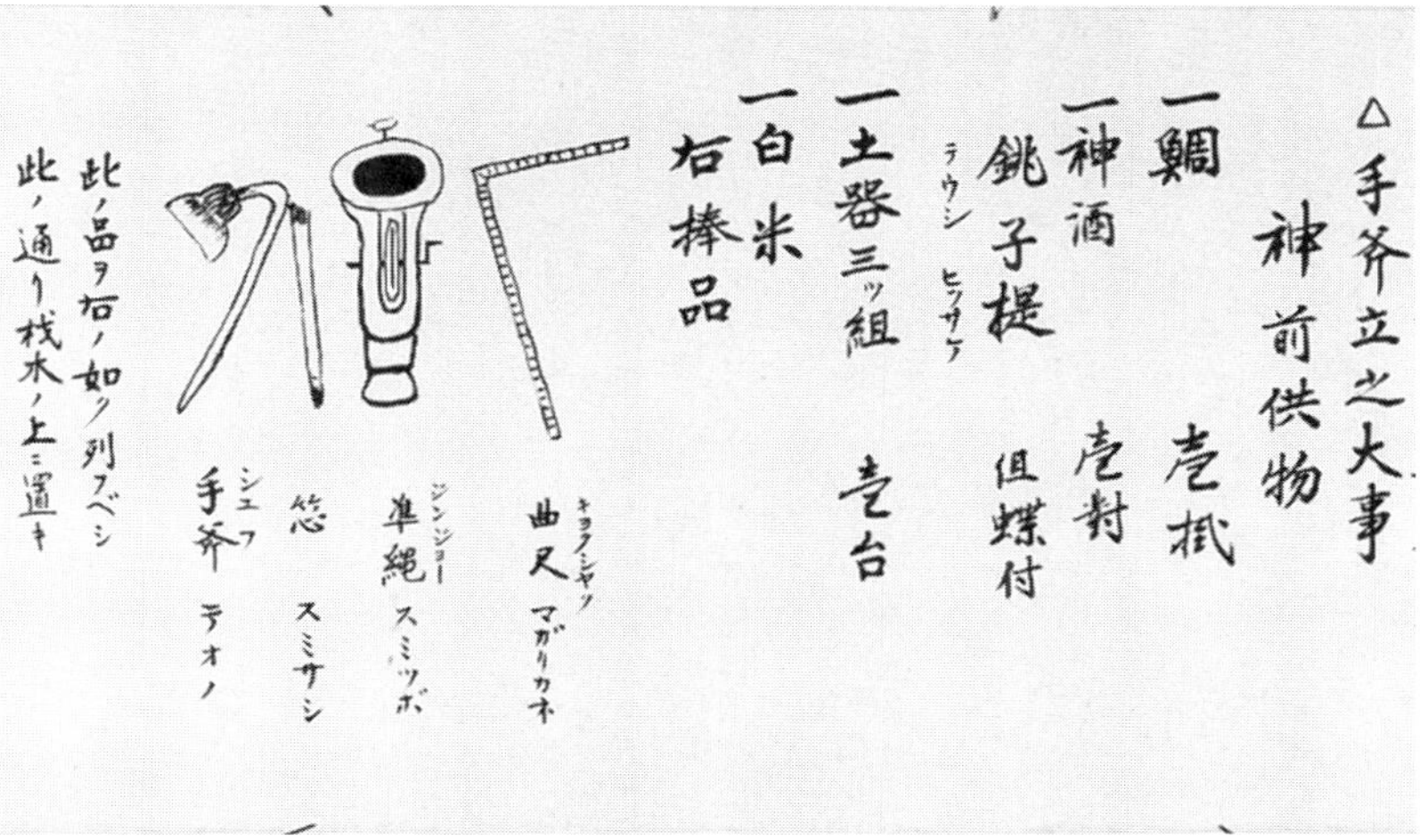

写真９　番匠（大工）の巻物

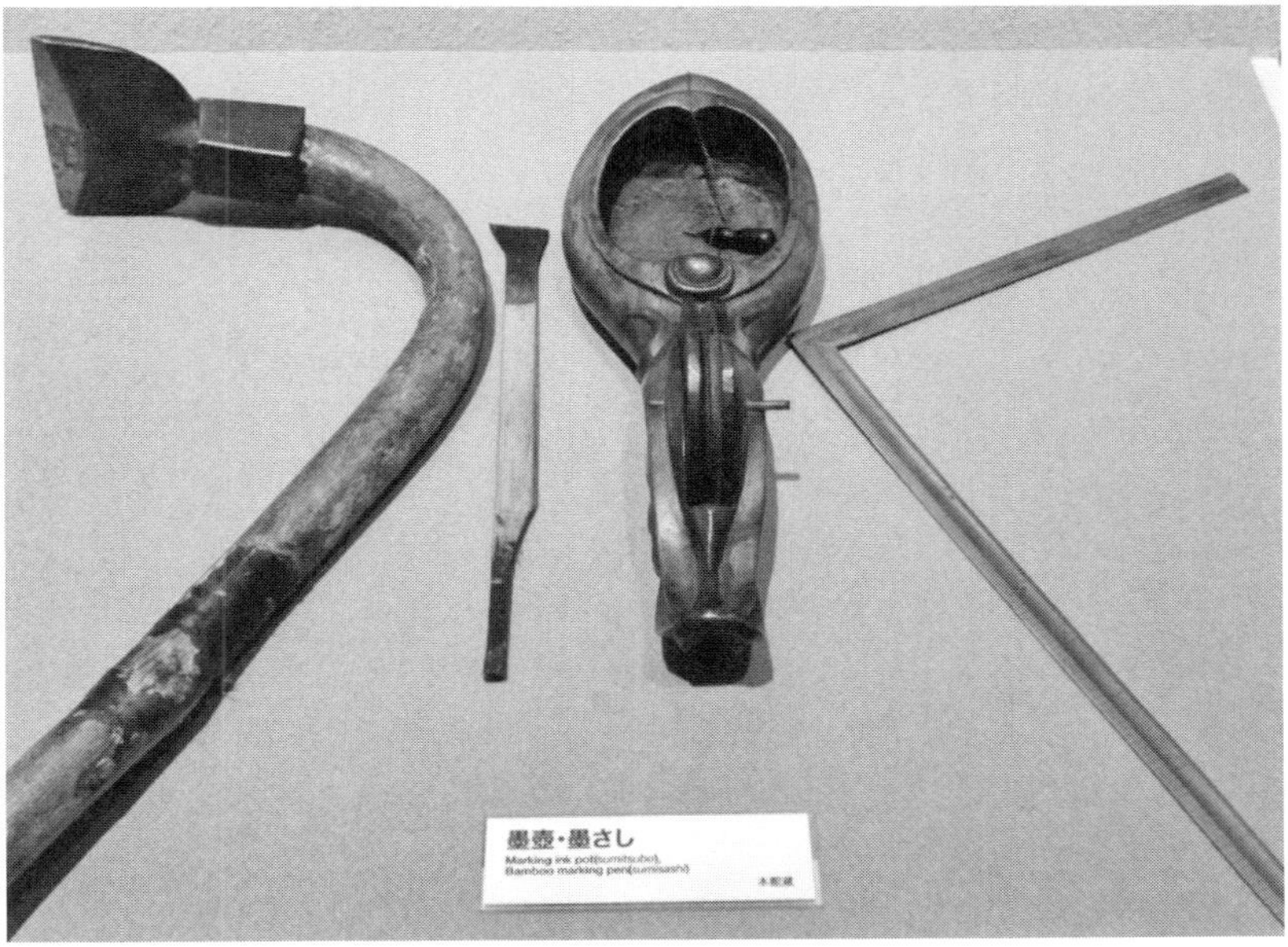

写真10　大工道具の呪術性を示す展示

です。そして、今申し上げたように、上棟式などで、道具によって、わざわざ水の文字を作るということで、燃えない、火難に遭わない、火事にならない家を造る、その最後の仕上げが、先ほどの道具で水という字を作る作業なんです。

こういうふうに、家造りに際して、建築に活躍してくれた道具を最後は儀礼の場でも用いて、最後のおまじないをする。これによって、初めて家が完成するんだということです。火事に遭わないような家を造るために、最終的には実際の職人の技術を駆使して造った家に最後におまじないをするという、それで完成するわけなのですね。

こういったことを今、福島県の会津地方の巻物と職人さんたちの技術・儀礼を中心に考えてきたんですが、実はこのことは決して珍しいことではないようなんです。先ほど、報告された松尾恒一さんのご研究によりますと、高知県の香美郡の物部という、有名ないざなぎ流が伝承されてきた地域ですけども、このいざなぎ流の祈禱のなかで、ここでは家を建てる際には、大工の法というおまじないをするんです。そのときには、今見てきたような墨壺とか、曲尺、定規を祭儀の道具に用いるということを、松尾さんがもう一〇年以上前に報告し、ご指摘されています(「物部の職人と建築儀礼—大工法をめぐって—」『民俗芸能研究』三三号、二〇〇一年)。

あるいは、鹿児島県の奄美大島のあたりではセークの神という神様がいるというんです。この神様は、建物を建てると、山からやって来て、柱であるとか、棟であるとか、そういう建造物の長さを測る真似をする。それによって、その家が祝福されるというか、無事に使っていける、住んでいけるようになるというんです。このことについては、比較的古い論文ですが小野重朗さんの「大工神の訪れ」(『神々の原郷』法政大学出版局、一九七七年)という論文がありますし、松尾さんが『儀礼文化』の三七号に書かれている「奄美の建築儀礼と山の神信仰」(二〇〇六年)という論文もあります。これらのなかで指摘されているんですけども、いずれも職人さんたちの使う道具が、呪具であり、おまじないの道具、お祭りの道具としても使われる。そういうふうに流用されていくわけです。あるいは二重の意味を持つわけです。このことは技術と呪術とが道具を仲立ちとして結びついているということもできるでしょう。職人の道具にはそうした深い意味があり、巻物というのはそれを示してくれるものでもあるのです。

おわりに

だんだんとまとめに入っていきたいと思いますけれども、職人さんたちが、その技を発揮するために必要不可欠とされる道具というのは、実はその作業、技術の場だけではなくて、儀礼にも用いられて、一種のおまじないの道具、祭りの場を構成する機能も発揮するわけです。このことは、一本の木から見事な板を削り出して、それがやがて家になっていくような技の神秘性、職にまつわる宗教的な知識の蓄積を示しているのではないでしょうか。

職に携わる人々、職人さんというのは、その技に対して、大変合理的な考え方を持っている一方で、そうした神秘的、宗教的な観念ともつながりを持っていたと言えるのではないでしょうか。職をめぐる民俗を考えるときに、そうした前近代からの儀礼を支えてきた宗教性にも注意していく必要がある。単に道具は道具というだけで終わらないということです。

最後に申し上げたいのは、こういった道具という具体的なモノに込められた伝承を、巻物などの文字資料を助けにしながら見ていく。その場合、モノだけでも駄目だし、文字資料だけでも不充分ですけど、両方を併せ見ていくことによって、さまざまなことが分かってくるだろうというのが、今日申し上げたかったことなのであります。そして、このことが実は「職の世界」のところを作るときの、展示を作っていくときの基本的な考え方でありました。

そしてそれは、民俗的な技術や呪術と広い意味での歴史的な世界との関係を追究することにつながっていると思います。文字資料を民俗資料と重ね合わせながら考えていくことによって時代性とか、変化の問題をとらえることができる。その作業例を提示し、展示のなかで見て下さる方々にもご理解いただきたい、と考えています。

今日の報告を私は「民俗史」というタイトルにいたしました。字が間違ってるんじゃないかと思われた方もいるかもしれません。普通ですと、ごんべんの誌を書くんです。「民俗誌」ですね。民俗のさまざまな記録、地域における民俗の様相をさす場合は、民俗誌と書きます。そうではなくて今日、報告のタイトルに選びましたのは「民俗史」であります。歴史の史を使いました。それは民俗の歴史や変遷、時代相を考えていきたいという、そういった気持ちで、この字を選びました。以上、拙い説明を申し上げてきましたけども、新しい民俗展示のなかには、こうした歴史的な世界に対する示唆というのも含まれてるんだということをご理解いただきたいということなんです。

午前中に展示の趣旨を説明申し上げたときに、今回の民俗展示のポイントとしていくつかあることを確認いたしました。まず、国際性。先ほどの松尾さんのご報告は国際性に関わるものでありました。そして、現代性。現代社会における民俗ということも気をつけるべきだということが、大きなテーマでありました。ですけれども、民俗を見ていく以上、そして、歴史民俗博物館のなかの展示としては実は、歴史世界への問い掛けというもの、あるいは歴史学の成果に対する、民俗学からのレスポンス、答え、応答というものがどこかしらに含まれているべきでありますし、実際に丁寧に、あるいはこうした今日、お話したような研究をふまえて展示を見ていただくことによって、歴史的な世界への視点というものもあるんだということをご理解いただきたいということなのです。そういう思いで、今日報告した次第であります。以上で私の報告を終わらせていただきます。

■報告3

人と自然の関係誌―海・山・里のなりわいと技―

松田　睦彦

はじめに

松田と申します。よろしくお願い致します。

私は海・山・里といった生活環境と、それぞれの生活環境の中で行なわれてきたさまざまななりわいについての展示を担当致しました。テーマは「なりわいと技」です。

この展示は、全長一〇メートルもあるカツオ一本釣り用の木造和船や海つきの村のバラエティに富んだ漁具が展示される「海のなりわいと技」、焼畑や炭焼き、養蚕などを山の奥深くで営む出作りの環境模型や焼畑用具が展示される「山のなりわいと技」、そして水田稲作の環境模型や水田にともなう漁撈や鳥猟の用具が展示される「里のなりわいと技」の三つの小テーマから構成されています(写真1)。第四展示室の一番最後のコーナーになります。

さて、今日の報告では「なりわいと技」のコーナーが、現在の民俗学におけるどのような研究状況を踏まえて新構築されたのかを、完成した展示を示しながら明らかにしたいと思っています。ただ、時間に限りがありますので、主に「海のなりわいと技」と「里のなりわいと技」を報告の中心に据えさせていただきます。

まず、この「なりわいと技」というコーナーのコンセプトについてです。展示の中では次のように示しました。

> 自然と直接かかわるなりわいにおいて、人は豊かに蓄積された知識や、身体化された技能を駆使して産物を獲得する。その知識と技能の体系を『技』と呼ぼう。ここでは海・山・里という生活環境に注目する。それぞれの環境は人びとのなりわいにどのような制約を課し、恵みをもたらしてきたのか。また、その制約を克服し、最大限の恩恵を享受するために、人びとはどのような技を駆使してきたのであろうか。

この文章だけを読みますと、海で営まれるなりわいの技術、山で営まれるなりわいの技術、里で営まれるなりわいの技術といった、それぞれのなりわいにおける技術的側面に展示の中心が据えられているように思われるかもしれませんが、私の中ではもう少し広くコンセプトを設定しています。

ここでは「技」という言葉を使っていることが、技術を中心とした展示というイメージを与えるポイントにな

写真１　「なりわいと技」展示風景

っているかと思います。「技」は「知識と技能の体系」というようにお示ししましたが、この言葉にはより広い意味も込められています。その意味とは、なかなかうまく表現することが難しいのですが、自然との関係の中で見られる人の行動の総体、あるいは、人が自然と向きあって生きる中でとってきたさまざまな行動、といったとらえ方をしていただけたら良いかと考えております。

生業研究の動向と展示のねらい

さて、歴博では資源・研究・展示という三つの要素を有機的に結び付け、博物館の形態をとる研究機関という特色を生かした成果をあげることを目標とする博物館型研究統合という理念を掲げています。この博物館型研究統合では、常に社会に対して成果を公開し、共有することが求められます。その重要なツールが展示です。しっかりと研究をして、その成果を展示という形で皆さんにご覧いただくということです。

今回の新しい展示は総合展示、つまり常設展示です。したがって、企画展示で取り上げるような挑戦的な最新の研究成果よりも、ここ数十年来学界でどういうことが議論され、どのような新しい物事の見方が提示されたのかといった研究動向を再検討して、それを展示に反映させていくという作業が重要な使命だと考えました。したがって、ここではまず、旧民俗展示室がオープンした一九八五(昭和六〇)年以降の生業研究の展開を振り返っておきたいと思います。

もともと生業研究には文化類型論的な考え方に基づいた技術論的研究という傾向がありました。それは稲作文化、畑作文化、あるいは漁撈文化といったなりわいの分類に依拠した文化的なカテゴリーを設定して、その枠組みと結びつける形で信仰や社会組織、衣食住、芸能などのさまざまな事象を理解し、それぞれの特徴を抽出しようとする考え方です。そうした中、生業研究ではとくに技術に注目した研究が中心的な位置を占めてきました。詳細な調査によって、それぞれ稲作文化なら稲作、漁撈文化なら漁業といった文化類型内における技術や道具の異同を明らかにするような研究が盛んに行なわれてきたのです。

しかし、稲作を中心とするからといって、畑作を中心とするからといって、人びとの生活が稲作だけ、あるいは畑作だけというように一つの生業のみによって成立することは不可能です。また、技術や道具についても、使用法や形状だけからでは理解することのできない側面がたくさんあります。道具を通して、それを使う人の手足の延長としての感覚をしっかりと見ていかなければいけないのですが、そういった部分を扱うという点について、実は生業研究は苦手だったのです。

新しい展示には、こうした旧民俗展示のオープン以来四半世紀の間に重ねられてきた生業研究に対する見直しを反映させなければなりません。そこで、今回の展示では二つの狙いを設定しました。一つはなりわいの複合という問題です。これは複合生業論という議論に基づいています。複合生業論とは、神奈川大学の安室知氏が提唱された考え方です。従来は個別に論じられてきた、農業や漁業といったさまざまななりわいを、人が生きていく上でいかに複合させているかに重点を置いて観察し、人または家を中心にその生計維持方法を明らかにしようとする方法です。

農家なら農業だけで、漁師なら漁業だけでというように、人は必ずしも一つの生業のみによって生きているわけではありません。考えてみれば当然のことです。実は、こうした考え方は昭和初期には柳田國男によって示されていました。柳田はその著『都市と農村』の中で、畦に豆をまき、土手に菜を作り、軒下に鶏を飼い、手が余れば蚕を育て、頼まれれば隣村に働きに行くように、農村の生産が「複雑を極め」ていることを指摘し、「農村といふ語を、農業の出来る土地、或は農業も出来る土地、農を足場として静かなる生活の営まれる区域と解」することを主張したのです。

しかし、これまでの研究ではこのことに対する意識が不十分でした。農業地域であれば農業の研究ばかり、漁業地域であれば漁業の研究ばかりしていたのです。したがって、あらためて複合生業論として、さまざまななりわいをとり入れて生活する様相を、人や家といった生計の単位ごとにとらえる方法が明示されたことのインパクトは非常に大きかったわけです。

さて、このなりわいの複合について安室氏は、内部的複合と外部的複合という二つに分類しています。内部的複合というのは、水田稲作のみに見られる現象です。水田稲作という非常に魅力的で大きな影響力を持ったなりわいが、水田稲作以外のさまざまななりわいをその論理の中に取り込んでいく。これが内部的複合です。もう一つの外部的複合は、稲作以外のさまざまななりわいが並列的に、水田稲作のように一つのなりわいが圧倒的な影響力を持つことなく、複数のなりわいが比較的等価値に近い形で生活の中に取り込まれる複合のあり方です。これらについては後ほど例をあげながらお話したいと思います。

次に狙いの二つ目としては、自然知への注目があげられます。人びとの身につけた技能の背景にあり、自然と対峙するときに無意識のうちに発揮される知識や感性のことです。上の世代から下の世代へと伝承されたものもあるでしょうし、ある人が自ら会得したものもあるでしょう。知識としては伝承されたとしても、感覚的なことを自らのものとするには個人的な経験が重要となります。

たとえば、全国各地の鍬をたくさん集めてきます。そうすると、それぞれの地域の地形や土質にあわせてどのような工夫が鍬に凝らされているかが見えてきます。しかし、それをどう身体化して使ってきたのか、つまりそれを使う人びとの体にしみこんだちょっとしたコツや工夫まで明らかにすることができなければ、自然に働きかける人間の営為を理解したとは言えないのではないでしょうか。

こうした知識や感性が文字などに記されることは多くありません。私たち研究者が、これまでの道具の形態や表面的な技術の研究から一歩踏み出して、意識的に記録をとることが重要となります。こういった考え方もこの四半世紀で新たに示された部分です。

海のなりわいと技

さて、ここからは少し具体的な話に移りたいと思います。時間に限りがありますので、海と里、それも複合生業に話を絞らせていただきます。

まず、海つきの村の外部的複合ということで、京都府京丹後市丹後町袖志《そでし》というところの事例をお示しします(地図1)。ここでは海つきの村という言い方をして、漁村とは言いません。それは、漁村という言葉には漁を中心に生活が営まれているところというイメージが強く染みついているからです。海つきの村と呼ぶことで、袖志のなりわ

地図1　京都府京丹後市丹後町袖志(Yahoo!地図より。地図2・3も同じ)

いが必ずしも漁のみに依存してはいないということ、つまりなりわいの複合的な様相が認められるということを意識的に示しているのです。

さて、袖志は丹後半島の北端、経ヶ岬のすぐ西にある戸数八〇、人口一八〇ほどの小さな集落です。もちろん、海に面していますので、なりわいが複合的に営まれているといっても、漁をしないわけではありません。マルゴ(ブリの幼魚)やシロイカを釣ったり(写真2)、磯見といって船上から箱メガネで海中をのぞいて竿でサザエとかアワビを獲ったり(写真3)、刺網でいろいろな魚を狙ったりといった漁が行なわれています。そして冬になるとノリ摘みです。磯でノリをかき採って、それを板のりにして販売する。このように、人によって、あるいは季節によってさまざまな漁が営まれています。こうした話だけを聞くと、袖志が漁業をなりわいの中心とした漁村だというイメージを強く持たれるのではないでしょうか。しかし、これらの漁の一つひとつは、一時的に大きな収入をもたらすものもありますが、必ずしも一家の生活を支え得るほど安定したものではありません。

写真2　マルゴを釣る

写真3　磯見

写真4　刺網漁

刺網を例に確認してみましょう（写真4）。刺網漁は海中に網を広げて、魚が網に刺さったり絡まったりしたところを引き揚げる漁法です。袖志で行なわれているのは小型の三枚網です。目の細かい網を二枚の目の大きな網でサンドウィッチした構造になっています。袖志ではこの網を八〇メートルほどの長さに繋いで使います。とても漁獲能力の高い網です。刺網の漁期は四月から九月です。この網を夕方、岸から六〇〇〜七〇〇メートルほど沖合の岩場に仕掛けて、翌朝、夜明け前に引き揚げます。作業は基本的に一人でこなします。網の巻揚げ用のローラーを使う人もいますが、写真で示した方の船は小さく、ローラーは搭載されていません。相当な重労働です。

さて、網を揚げると港に戻って魚を網から外す作業です。手作りの竹のヘラを使って、一匹ずつ魚を網から外します。また、魚を外すと同時に網をきれいに整え、夕方の漁に備えます。獲れる魚はその時々ですが、二〇一二（平成二四）年七月に私が調査に行ったときにはハマチやキジハタ、メバルなどが獲れていました。なかなかの高級魚も含まれています。それを朝、木箱に並べて集落の共同の冷蔵庫に入れておくと漁協が回収に来て

写真5　魚の出荷準備

くれます（写真5）。なお、オコゼやタコなどの生きたまま出荷する魚介は別に活かしておいて、ある程度の量がたまると活魚として出荷します。

問題はこの刺網漁がどれだけの収入となるかです。写真で紹介した方とは別の方の二〇一二（平成二四）年四月の漁協からの振込額を確認してみましょう。四月の前半は海が荒れたり用事があったりして、漁に出たのは一六日からです。一六日以降三〇日までの間に漁に出たのは七回。一回の漁による漁獲額は二八七二円から八七二円までばらつきがありますが、その合計は三万五六七八円になります。したがって一回の漁の漁獲額は平均五〇〇〇円程度です。しかしこの金額から漁協の手数料、氷代、資材代等が合計七〇五〇円引かれます。すると、最終的な振込額は二万八六二八円となり、漁一回あたりの収入は四〇九〇円です。ただし、船を出すには燃料が必要です。したがって、最終的に手元に残る金額は四〇〇〇円を切ってしまいます。たとえ毎日漁に出ることができたとしても三〇日で一二万円ほどです。当然、刺網漁の収入だけで生活することはできません。

けれども、悲観することはありません。それは、袖志ではそもそも漁による収入だけで生活するということが想定されていないからです。たとえば、この漁協からの振込額を教えてくれた方は民宿を経営していますし、冬場には間人《たいざ》のカニ漁船にも乗り組みます。また、奥さんのフルタイムの仕事による収入もあります。

もう一人、写真で登場していただいた方は、現在は六〇代後半で勤めからは引退していますが、もともとは郵便局員でした。刺網は夕方に仕掛けて早朝に揚げる漁ですから、日中の勤務との両立が可能です。この方の場合、夕方五時半に帰宅してから船を出して網を仕掛ける。そして早朝に網を揚げ、魚を外して箱に詰めてから出勤する。刺網の場合、こうした生活パターンが可能なのです。郵便局を退職した現在では、早朝に網を揚げ、出荷の準備が済むと一度家に帰って休憩し、今度は田んぼの草刈りなどの農作業に出ます。午後は破れた網を繕って、夕方再び網を仕掛けます。袖志の一戸あたりの所有する水田の面積は三反ほどで、その他に自家消費用の野菜を育てる畑もあります。水田が三反というのは農業で生活するには決して十分な面積ではありません。

そこで、袖志の人びとはその他にもさまざまななりわいに従事してきました。たとえば、女性を中心とした機織りです。現在では大幅に減少してしまいましたが、昭和三〇年代頃から袖志では先染め機業が大流行します。朝から晩まで、どの家からもガチャンガチャンと機織機の動く音が聞こえる、そんな時代があったのです。その収入は非常によく、機織りの収入で子供を高校や大学に行かせたという話をたくさん聞きました。誇張ではありますが、ガチャンと一回機を動かせば一万円儲かるということでガチャマン景気などと呼ばれた時代があったのです。

もう一つ、袖志で重要ななりわいに位置づけられていたのは冬場の杜氏の出稼ぎです。近年ではほとんどいなくなってしまいましたが、袖志の男性は盛んに酒造りの出稼ぎに出ていました。袖志を含めて丹後半島は、近世以来、丹後杜氏と呼ばれる酒造職人の輩出地でした。冬の日本海の荒れ方には想像を絶するものがあります。袖志の海岸にも強風とともに高波が打ちつけ、数少ない凪の日を除いて、とうてい海に出ることはできません。また、陸にも平均四〇センチ程度の雪が積もります。したがって、冬の間は袖志にいてもできる仕事が限られているのです。そこで多くの男性が、主に関西方面に酒造りに出ていました。この収入もまた少ない額ではありませんでした。

このように、海に面した小さな集落であっても、決して漁業のみを頼るのではなく、さまざまななりわいを組み合わせてより良い暮らしを追求してきたのです。そして、こうした生業の複合のあり方は袖志だけに特有のものではありません。日本全国の海つきの村にも当てはめることができます。これが今回の新しい展示の中でお伝えしたかったポイントの一つになります。海つきの村のコーナーでは、袖志の海の風景の写真を壁面いっぱいに引き伸ばして展示しています。丹後半島らしく船の格納庫のある港からちょうど一艘の船が沖に向かうところです。いかにも漁村とい

写真6　海にせまる袖志の棚田

う風景ですが、よく見ると手前の棚田が波をかぶりそうなほどぎりぎりまで海ぎわに拓かれています。漁のみに生きない袖志の人びとの暮らしを象徴的に示す写真です(写真6)。

里のなりわいと技

さて、つぎに里のなりわいの複合性についても考えてみたいと思います。これまで紹介してきた海つきの村のなりわいは外部的複合です。漁は確かにしますが、田畑も耕し、その他にも勤めや自営業、機織り、酒造出稼ぎといったさまざまななりわいが並列的に組み合わされています。もちろん、それぞれのなりわいの強弱の差はありますが、他を圧倒してそのあり方を決定づけるようななりわいは見当たりません。

それに対して、水田稲作を中心とする里のなりわいでは、水田稲作の論理に他のなりわいが絡めとられる内部的複合の様相を見ることができます。ここで例として取りあげるのは琵琶湖の北部に位置する穀倉地帯、滋賀県長浜市高槻町西物部という地域です（地図2）。

展示では集落全体を精密に再現した大きな模型を中央に配して、昭和五〇年代後半の田植えの風景を再現しています。二条植えの田植え機を押す人や水田の泥をならす人、田植え機の植え残しに補植する人などがいて、見ていて楽しい模型に仕上がったと思います。もちろん、当時の田植えの様子を調査し、できる限り忠実に再現しています。さらに、この模型の背景の壁には、機械化が大きく進む以前の水田稲作の様子と現在の水田稲作の様子とを比較できるような写真が映し出されます。田植えの風景も稲刈りの風景も、そして刈った稲を乾燥させる風景も大きく変わりました（写真7）。

さて、今日の私の報告の中心は水田稲作自体ではなく、水田稲作をとり巻くさまざまなりわいです。たとえば、水田稲作に関連して行なわれることとして畦豆の栽培があげられます。水田に囲まれた環境で生活したことのある方でしたらよくご存じだと思います。現在ではあまり見られなくなりましたが、以前は水田の畦には必ずダイ

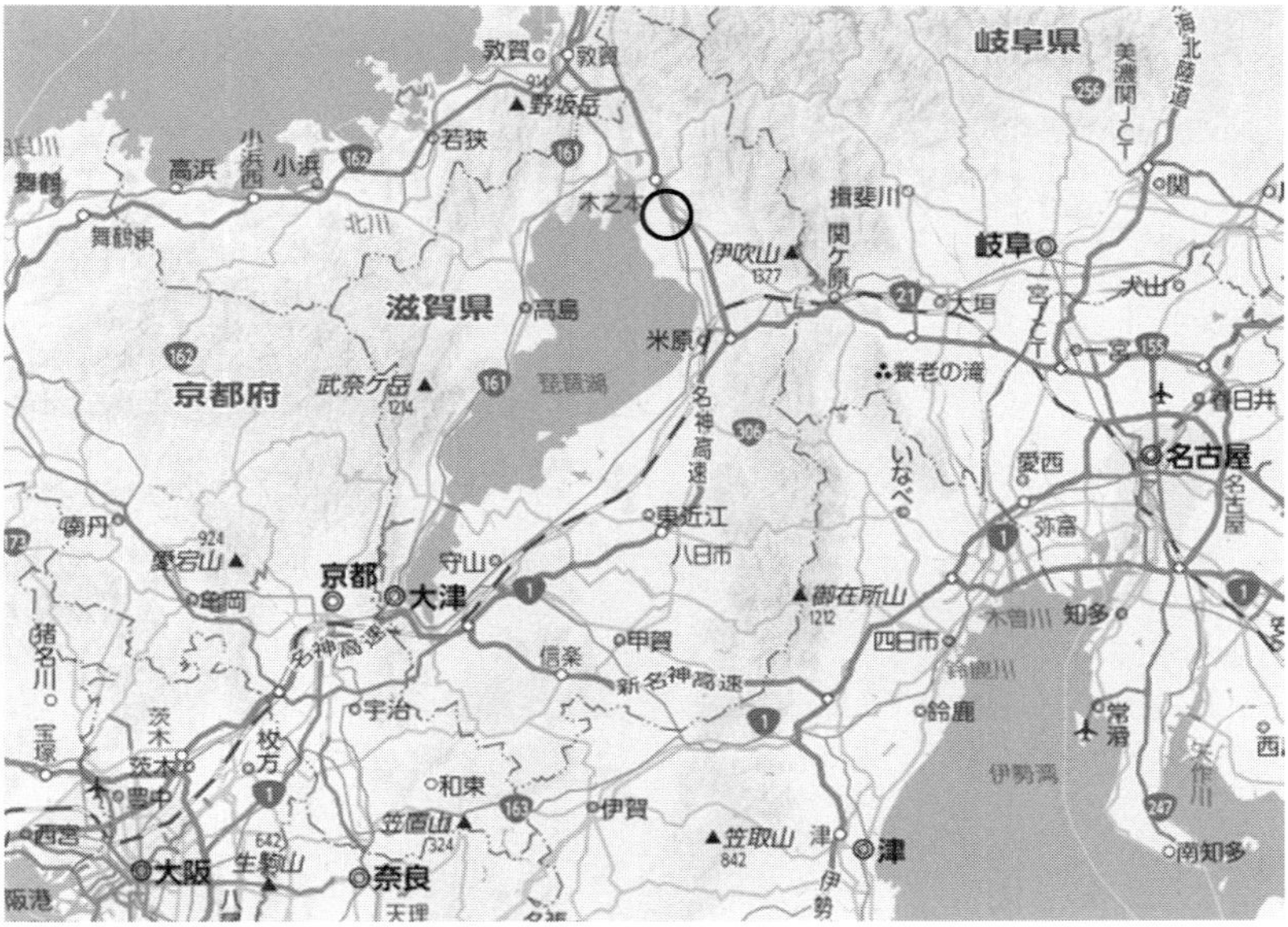

地図2　滋賀県長浜市高月町西物部

写真 7　近江西物部集落模型

写真 8　畦で育つダイズ

ズを植えたのです（写真８）。現在の水田の多くは圃場整備事業のおかげで広くて四角く整備されています。しかし、そうした事業の行なわれる以前は、不整形の小さな水田が多くありました。そうした水田にはたくさんの畦があります。その畦に田植えと同じ季節にダイズを蒔いて、自家製の味噌や豆腐の原料にしたり、余りが出ればそれを売ったりしたのです。

豆には連作障害があります。毎年同じ土で連続して栽培することが難しいのです。しかし、水田の畦は補修のために毎年塗り替えられます。つまり、土が入れ替わるのです。ですから連作障害を起こすことなく、毎年ダイズを栽培することができます。

では、ダイズはどのようにして蒔くのかというと、畦に一定の間隔で穴をあけて、そこに二〜三粒のダイズを蒔き、焼いた籾殻で穴をふさぐ。基本的な作業の流れは全国共通です。しかし、穴をあける道具にそれぞれの地方の個性が表れます。たとえば、模型で再現されている滋賀県の西物部では、クルツキボウといって長さ約一メートル、先端の太さが約六センチにもなる杉か何かの木を削り出した立派な棒が使われていましたが、新潟県十日町市松代のマメツケボウは長さ約八〇センチ、太さ約三センチで、山に生える雑木の先端を削っただけのシンプルなものです。スコップの柄を転用したものもいただいて

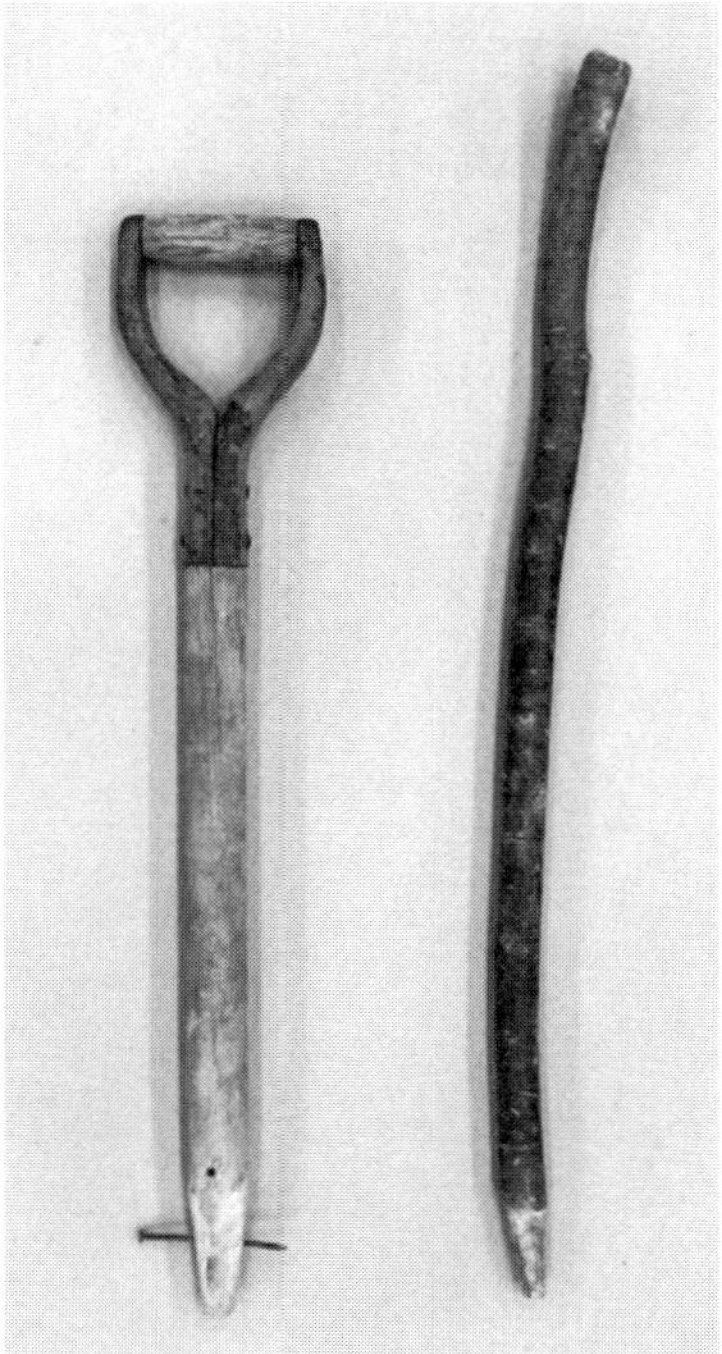

写真９　新潟県十日町市松代のマメツケボウ

きました。握りがあるので使いやすいのだそうです(写真9)。その他にも、石川県金沢市の近郊ではマメコテと呼ばれる金属製の鏝《こて》が使われており、鳥取県鳥取市気高町では木槌で畦を叩いて穴をあけて豆を蒔いていました。

水田があるおかげで畦が作られる。その畦を利用してダイズを栽培する。日常生活で欠くことのできないダイズの栽培が、水田稲作の論理の中で効率的に行なわれているということがお分かりいただけましたでしょうか。これが内部的複合の一つの例です。

さて、水田稲作では安定的な水の供給とスムーズな排水が両立しなければなりません。そのため、水田稲作の盛んな地域では古くからさまざまな苦労が重ねられてきました。たとえば、西物部一体の地域では、東を流れる高時川に堰を作って水を引いて、まるで毛細血管のような水路網を築き上げており、時には立体交差をすることまであります(写真10)。また、たくさんの水を引いたら、その分だけ排水をしなければ水浸しになってしまいます。この地域では琵琶湖に直接排水するために山にトンネルまで掘っています。昔は、大雨でも降ろうものならすぐ

写真10　立体交差する水路

に水田が冠水してしまったのだそうです。

ところで、水田とはもちろんイネを栽培する土地ですが、このように水田のために水が引かれると、そうした環境にはさまざまな生き物が棲みつきます。とくに現在のように水路がコンクリートで固められる以前は多様な生き物が棲みついていて、その中には人びとの生活に役に立つものもいました。

たとえば、ドジョウです。浅い水路にドジョウ用の筌《うけ》を仕掛けておきます（写真11）。筌の中にはドジョウをおびき寄せるために、炒った糠とすり潰したカイコのサナギを混ぜて練った団子を入れておく。そうすると、一晩もすればたくさんのドジョウが獲れたのだそうです。また、本格的な梅雨に入る前に大雨が降ると、ナマズが産卵のために増水した水路をさかのぼって水田まで入ってきます。ナマズは夜行性ですので、夜に水田をカーバイドランプで照らしてヤスで突いたり網ですくったりします。ノコギリを展示しているのは「これでぶっ叩くんだ」という人がいたからです。どれも素朴な漁ですが、これが水田で稲作を営む人びとの楽しみであったわけです。

最後に溜池での魚とりを紹介しましょう。水田への水の安定的な供給のためには、溜池を作るという方法もあります。川ですと常に水が下流へと流れていってしまいますが、溜池を作れば一定量の水を確保した上で、それを必要に応じて使うことができます。水田稲作のために作られたこの溜池は、稲作とはまた別の形でも人びとの生活を潤してきました。

展示で紹介しているのは鳥取県鳥取市気高町の魚伏籠漁「うぐい突き」です（地図3）。

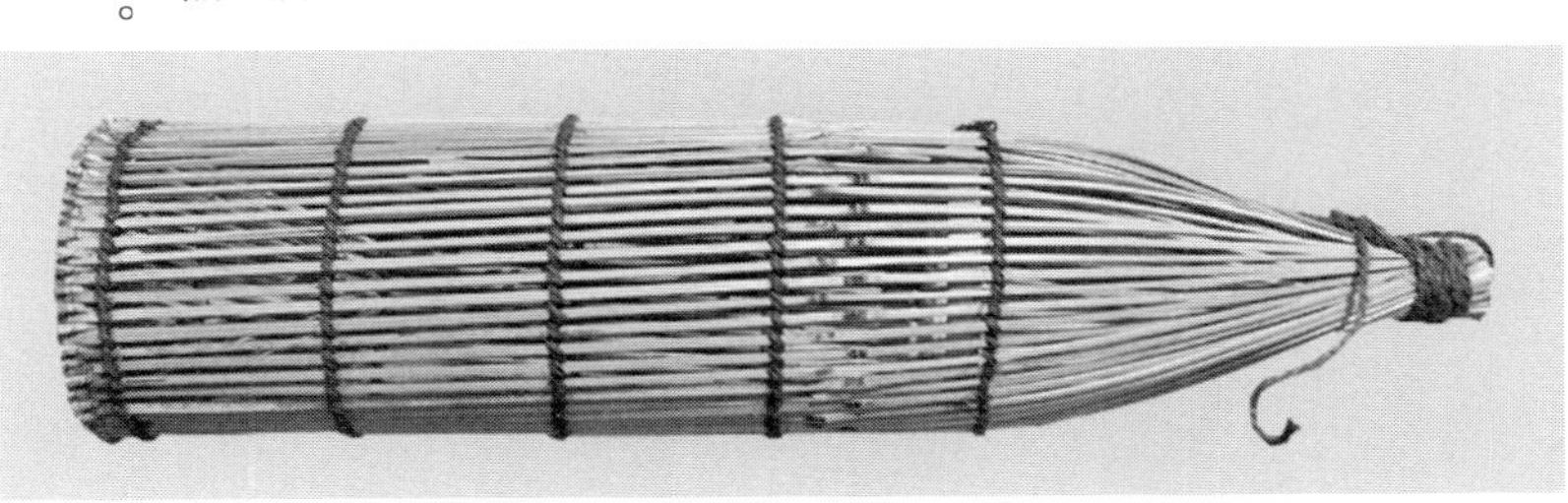

写真11　ドジョウ用の筌

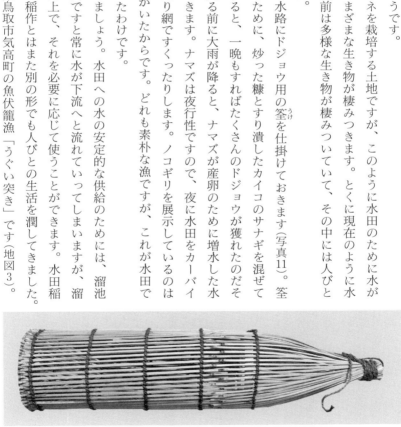

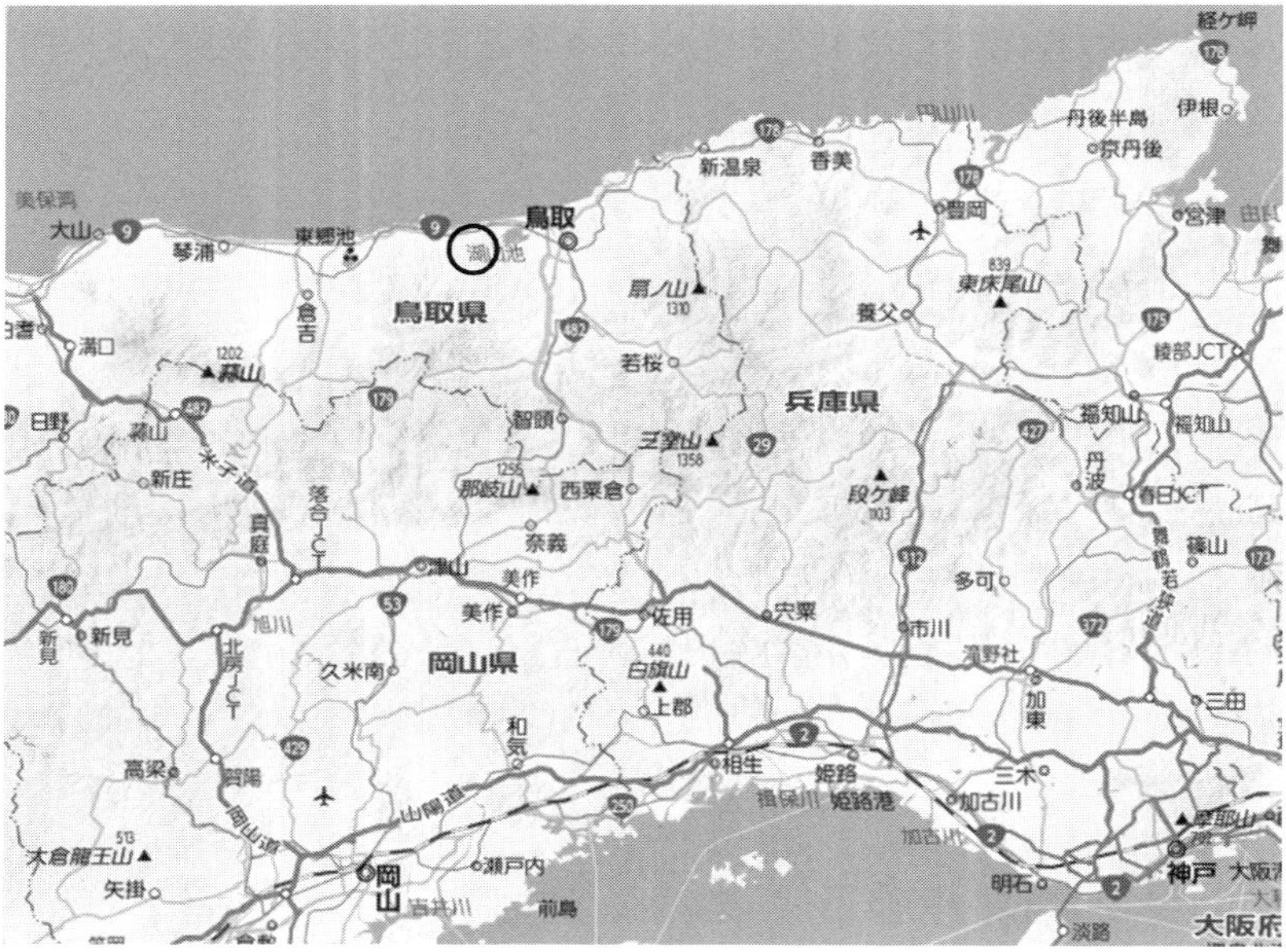

地図3　鳥取県鳥取市気高町

写真12　ウグイ

「うぐい突き」は毎年秋に溜池の水を抜く際に行なわれます。狙うのはコイやフナです。

　ウグイというのは竹で編んだ籠のことです。籠とは言っても底が抜けた筒型の籠です（写真12）。この籠を水位の下がった溜池の底に向かって伏せる、ただそれだけの漁です。気高町の人はカゴを伏せることを「突く」と言っています。魚は見えません。ですからただただがむしゃらに突くのです(写真13)。溜池は栓が抜いてありますので徐々に水位が下がって干上がり、最後まで水が残る池のいちばん深いところに魚が集まってきます。そうなれば比較的ウグイに魚が入りやすいのですが、みんなそれまで待っていられません。胸まで水につかるような段階からウグイを突きはじめます。魚が入ると、バタバタッという魚がウグイにあたる振動が手に伝わってきます。するとウグイの上から胸を押しあてて池の底とウグイとの隙間をふさぎます。そしてそのままウグイに手を差し入れ、魚をつかんでネットに入れます。

この「うぐい突き」は現在では地域のイベントという位置づけですが、もともとは三つの重要な目的がありました。まず一つ目の目的は、溜池の水を抜くことで下流の水田の地下水位を下げて乾燥させ、稲刈りをしやすくするということです。ですから昔は、溜池よりも下流の水田では「うぐい突き」が終わってから稲刈りをしたそうです。つぎに二つ目の目的は、溜池の清掃です。川の水が流れ込むことによって溜池には水が溜まりますが、川の水と一緒に土も流れ込んでしまいます。これを放っておくと溜池は徐々に埋まり、十分な水を貯えることができ

写真13　「うぐい突き」

なくなります。そこで毎年、溜池がその年の役割を終える秋に水を抜き、その際にウグイで池の底を突くことで泥を舞い上げ、水と一緒に流してしまうのです。昔はこの養分豊富な泥水を下流の水田に引き込んでいたそうです。そして三つ目の目的は、この「うぐい突き」そのものを楽しみ、獲れた魚を味わうことです。初夏の田植えから忙しく働いてきてやっと収穫を迎えるこの時期にほっと一息つく。「うぐい突き」の日の夕方は、村中が魚を焼いたり煮たりする香りに包まれていました。

このように、「うぐい突き」の目的は水田稲作と深くかかわっているのですが、使われる道具にも水田稲作の影響が見られます。その象徴がウグイです。ウグイは竹を編んで作られますが、その際に使われるのは米俵を編むための俵編み機なのです(写真14)。「うぐい突き」は一年にたった一度だけ行なわれる漁ですから、普段使っている道具をうまく活用しながら準備をするのが効率的だということなのです。

現在では限られた地域でしか行なわれていませんが、以前はこのような魚伏籠漁が全国で見られました。水田稲作が作り出す環境をたくみに利用した、まさになりわいの内部的複合の好

写真14　俵編み機でウグイを編む

例と言えるでしょう。

おわりに

そろそろ時間がまいりましたので、報告をまとめさせていただきます。

もうお気付きの方もいらっしゃるかと思いますが、今日私がご紹介した事例は、生活の実態としてはもうすでに過去のもの、あるいは過去となりつつあるものばかりです。袖志の漁を担っているのは現役を引退したお年寄りがほとんどです。機織りをする人は数えるほどしかいませんし、杜氏の出稼ぎに出る人はもういません。西物部では用排水路が整えられ、また農薬が使用されるようになって魚を獲ることはなくなりました。ダイズは自家用の畔豆としてではなく、減反のためにコメの代わりに水田で作られています。そして気高町の「うぐい突き」は、地域の伝統を伝えるイベントとして維持されています。

今から数十年後に歴博の民俗展示が再びリニューアルされるときには、今回のようなテーマは大昔のことになっているでしょう。それでは、そのときにどのようなテーマを設定することができるのか。漁業や農業の専業化や法人による経営、農山漁村の観光への依存、高齢者を顧客とした新しい産業の確立、そして集落の廃絶など、さまざまな変化をしっかりと見つめながら考えていきたいと思います。

主要参考文献

松田　松男　一九九九『戦後日本における酒造出稼ぎの変貌』古今書院

松田　睦彦　二〇一二「溜池での漁に見る水田稲作の論理」（『民具マンスリー』四五—七、神奈川大学日本常民文化研究所）

安室　知　一九九八『水田をめぐる民俗学的研究―日本稲作の展開と構造―』慶友社
　　　　　二〇〇五『水田漁撈の研究―稲作と漁撈の複合生業論―』慶友社
柳田　國男　一九二九（一九九八）「都市と農村」（『柳田國男全集』4、筑摩書房）

■コメント1

新しい民俗学の息吹とは

八木　透

皆さん、こんにちは。京都からまいりました八木と申します。どうぞよろしくお願い致します。一五分間という、あっという間の時間でございますので、要点だけをかいつまんで、お話をさせていただこうと思います。

冒頭の副館長の先生のお話にもございましたが、今回の歴博の民俗展示、新しいリニューアルされた民俗展示。特に最初の第一歩のところで、本当に度胆を抜かれる、あっと驚くような展示だと私も初めて見た時に感じました。もちろん、リニューアルの委員になっておりましたので、展示の概要は事前に分かっていたのですが、それでも実際の展示を見て、本当に、「えっ、これが民俗展示なのか」と思うような展示であったという印象は確かなことだと思います。ただ、今日のお話の中に、特に小池先生の最初の趣旨説明で、五つのコンセプトをお話しされました。これは非常に重要なことだと思います。特に、歴博の民俗展示ということのみならず、現代の民俗学を取り巻く、さまざまな学史的な背景、あるいは民俗学の未来を考える上でも、この五つのコンセプトは大変重要な事柄だと感じております。もう一度、繰り返しますが、暮らしの歴史、生活史を考える、それから環境史。人々と環境の問題を考えること。それから、国際性、国際交流の問題、さらに民俗の多様性と現代性というところに、非常に重きを置いた、このコンセプトによって、今回の歴博の新しい民俗展示が構築されたということです。この五つのコンセプト、私も非常に賛同しております。

私事となって恐縮ですが、この春に大学生向けの民俗学のテキストを編纂致しました。その中で、私は、例えば、冒頭のところで、民俗学とはどういう学問なのかということにつきまして、次のように書いております。「民俗学は現代社会の中に横たわる諸問題に目を据え、身近な日常生活を題材として、フィールドワークという手法を最大限に生かしながら、私たちの暮らしの表裏に見え隠れするさまざまな事象の持つ意味を読み解いていく、そういう学問」だと私は位置付けております。そして、ちょっと学史的なお話になりますが、過去二五年から、ここ一〇年ほどの間、つまり二〇世紀の終わりから二一世紀初頭にかけての民俗学の大きな動きの中で、類型論という考え方が一世を風靡した時代がございました。実は私もそこに乗っかった一人なんですが、その類型論というのは、ある民俗事象、似たようなものを集めてきて、モデル化し、抽象化して、それを比較することで、それぞれの民俗事象の特質を探るという、非常に論理性を有し、その結果、魅力的な方法論だったのですが、ただ、そのことによって、本来のあるべき民俗学の姿を少しゆがめてしまったのではないかと私は反省をしております。

具体的に言うと、どういう点を反省すべきだったのか。例えば、本来の民俗学というのは、人々の息遣いや嘆き、苦しみや喜び、そして、人々の生きざまとしての生活実態、そういうものを描き出すことができる。それが、民俗学の最大の強みであると私は今も考えておりますし、昔も考えておりました。しかし、この類型論という方法は民俗の対象を抽象化してしまうということによって、人間の顔が、人々の姿が映らない、人々の具体的な暮らしの実態が描けないような民俗叙述になってしまったような反省がございます。ですから、民俗というのはやはり、人々の生きる姿を、生きざまをそのままわれわれに伝える、あるいは多くの後世の人たちに伝えていく。そういうことができる唯一の学問なのではないかと思っています。その点からしますと、今回の歴博のリニューアルされた民俗展示は、非常に斬新で、新しい民俗の、あるいは民俗学のあるべき姿をそのまま反映しているのではないかということを強く感じます。

　もう少し、具体的に申し上げますと、今日、常光先生をはじめとして、四人の方のご報告がございました。簡単に総括をしてみたいと思いますが、例えば、常光先生のお話の中でも、霊柩車を見たら、親指を隠すという単なる単純な仕草の伝承が、実は相当、歴史性を持っていて、親指という名称以前の、大指《おおゆび》という表現から親指に替わることで、その属性としての伝承も大きく変化してきたということを最後におっしゃいました。これはまさに伝承世界の歴史性の重要性を説いておられたということだと思います。ですので、現代的な伝承、あたかも現代の世に見え隠れするような現象、伝承世界も、実はその背後には、ずっと歴史世界へつながる、歴史性を有しているんだということを気付かせていただけたのではないかと思います。同じように、例えば、小池先生のご発表もこれは明らかに、職や技というものを通して、歴史的な世界へのいざない。民俗学という学問はある意味、歴史世界との対比の中で、はじめて成り立つんだという歴史性の視座というものの重要性を強調されたということです。私も、その意味では、民俗学は歴史性というのが非常に重要であるということを常々感じております。近年、現代民俗でありますとか、あるいは民俗の現代性とか言われ、今回の歴博の展示も一つのコンセプトに現代という要素が入っておりますが、もちろん、現代を見据える視点、これは決して欠いてはいけない視点ではあります。しかし、現代だけを見るのではなくて、必ずそこに通じる歴史世界へのまなざし、これが大変重要なのではないかと思います。

　例えば、アメリカ民俗学との比較において、近年、民俗学会の中で、歴史世界とのつながりをいったん断ち切るべきだという動きも片や見られます。ただ、民俗は歴史を捨ててしまってどうなのかという議論の中で、例えば、まったく歴史性のない伝承、民俗というものは確かに存在します。本当に近年、新たに作られた、例えば、都市の路上パフォーマンスですとか、そういうものも、アメリカでは民俗学の研究対象とされているけれども、従来の歴史民俗学の考え方からは、そういうものは民俗学の研究対象から外されてしまうという議論がありますが、私はそうとは思いません。つまり、まったく今日的、現代的に新しく生成された民俗事象、あるいは伝承というものも、例えば、昔、なぜそれがなかったのか、なぜ近年になってそれが誕生したのか、そこに歴史的なまなざしというのは必ず生きてくるのではないかと思っています。ですから、現代だけを見るというよりも、現代にしかないものをも、逆に言えば、なかった時代に目を移してみることで、今ある、あるいは今、生起した新しい民俗の意味というものが、もう少し見えてくるのではないか。単に連続性だけをとらえる歴史ではなくて、過去と現代を対比するような。まさに、私は歴史的なまなざしと呼びたいのですが、そういうものの重要性ということを今日、少なくとも皆さん、今日の四人の方々、それぞれに思惑を持って、お話をされたのではないかと思っております。

それから、さらに重要な問題。国際性、そして変化という視座です。それから多様性という考え方。特に、今回のお話で、例えば、松尾先生のお話は中国、台湾、そして、沖縄というまさに国際性のお話ではありましたが、一番、私は重要だと感じましたのは、まさに事象としての民俗だけを見るのではなくて、その背後にいかなる変化を経て、現代の人々の暮らしの中に、一つの民俗事象が息づいているのか。その変化をとらえるというまなざしの重要性を説かれたのだとお聞き致しました。これはもうまさに、変化、変容の中で、民俗というものは生きています。つまり、うごめいている民俗というのは必ず、常に変化し続けている。その変化のありようみたいなものを無視しては、民俗事象を正確にとらえることはできないと思います。ですから、変化、変容を知る。これは、言い方を変えれば、歴史につながるのかもしれませんが、一つの形を固定化した、静的なものとしてとらえるのではなくて、常に民俗は動いていくものだという動的な視点でとらえるということ。もう一つ、多様性の問題。それから、さらに生活実態としてとらえるという視点。これは、例えば、松尾先生のお話では実際にそれぞれの、広州の人、あるいは沖縄の人たちが、どういう生活実態の中で、ハーリーのような民俗事象を継承し、伝承されてきたのか。そして、今それを守っておられるのかという、暮らしの中に民俗事象をはめ込んでみて、そこから見えるものを考えるという、生活実態として民俗事象をとらえるというまなざしの重要性ということを指摘されたのだろうと私は感じました。

最後の松田先生の生業論のお話も、同じような視座だと思います。複合生業論というのは、実は、ある意味、生活実態を考えるというまなざしからスタートしたんだと思います。実際にある村で暮らしている、例えばAさんという人物が、実際、どんななりわいをし、朝起きて、何をして、お昼にはどういうことをして、夕方には何をして、そして、一年間、どんな暮らしぶりをしながら、ずっと生活をしてきたのか。これ、まさに人々の目に見える、人々の喜怒哀楽が伝わってくるような生活実態です。そこから、生業の問題も考えていくべきです。まさに、理論化された、あるいはいったん時間を止めたような形で捉えるのではなく、また稲作は稲作、漁労は漁労というふうな視座での生業研究ではなくて、人々が生きていく中で、どんな暮らしぶりを実際にし、何を生活の糧として、日々暮らしてきているのかという、本当に人々の生きざま、生きていく実態の姿というものを民俗世界の中に取り込んでいく。これは、まさに松田先生が主張された複合生業論であり、実際、そういう暮らしというものを体験している方々の顔が今日は見えました。銀行の通帳はちょっと驚きましたが。一回の漁で四〇〇〇円ちょっとにしかならないという。きわめてプライベートな話も明らかにしていいものかと、ちょっと思いましたが、あれこそが本当に生活実態だと思います。今まで、そういうものを民俗の叙述として表面化するということは少なかったと思います。でも、実際に漁業に従事する人たちが、漁に出て、そこでどんな魚を獲って、今度、それが一体いくらの収入になったのか、これはとても重要なことです。だから、そこまで踏み込んだ生業研究というのは、これまでほとんどなかったと思います。ですから、非常に新しい、斬新な生業研究のありようを今日は示していただいたと思います。

ここまで、特に歴史性、歴史へのまなざし、そして、生活実態、人々の生きざまが見えるような民俗の叙述、あるいは展示表現、こういうものを実際、歴博のリニューアルされた民俗展示では実践された。ここが今回のリニューアルの最も大きな特徴だと思いますし、しかもそれが、新しい民俗展示の、ほかにはない魅力だと私は感じております。

最後に、もう一つそこから展開した、次のステップへのお話をして、私のお話を終わりたいと思うのですが、先ほど、松田先生のお話の中で実際の漁師さんの顔が見えました。一回の漁で、どれだけの収入を得たか。本当に人々の暮らしぶりの、ありのままの姿が浮かび上がってきたんですが、これはまさに私は、個の民俗だと思います。というのは、皆様ご存じの通り、民俗学というのは、柳田國男以来、集団で継承されてきたもの、それを民俗だと考えてきました。決して、個ではない、個人ではない、あくまで民俗の母体というのは集団であるという考え方がずっと続いてきましたし、今もそういう傾向はまだまだ残っていると思います。ただ、これだけ人々の生きざま、あるいは生活スタイルが多様化し、個人の自由がまかり通る時代になりますと、もう集団の中で、みんなで共有して、同じように生活してきた時代とは異なる、もっと個に目を向けなければいけないのではないか。例えば、ライフヒストリーという方法論があります。一人の人物の、生まれてから今日までの生活の歴史を記録をし、そこから何かを導き出そうというものです。でも、これまではライフヒストリー研究というのは、民俗学には、そういう点からはなじまないというふうにも言われてまいりました。しかし、これからは、特に人生儀礼の研究などはそうだと思いますが、いろいろな選択肢があります。無数に人生の選択肢があります。それを集団でというとらえ方にこだわっていると、個々の人間の生きざまが見えなくなってしまう。ですから、私はこれからの民俗学のあり方の一つとして、個へのまなざしというものへの重要性というものを考えているのですが、恐らく今日の四人の先生方のご発表にも部分部分、例えば松田先生の通帳もそうですし、あるいは松尾先生の見せてくださった写真の中にも人々の笑顔や苦しそうな表情が写っていました。このように、もっと個へ光を当てていく。個の民俗というものの重要性をこれからは考えていかなければならない。それが新しい民俗学の一つの動向として、これからもっと叫ばれていくのではないかと思いますし、私はその必要性を感じております。

とりとめもないお話になりましたが、今日の四人の先生方のご発表の総括と、そこから得られた新しい知見。これが本当にリニューアルされた歴博の民俗展示に見事に、反映されているということをもう一度、強調しておきます。私は内部の人間ではございませんが、非常に魅力的な展示であるということは間違いございません。まだ、ご覧になっていらっしゃらない方は必ずや、近いうちに、ぜひご覧いただきたいと思います。お勧めだと思います。どうも、今日はありがとうございました。

■コメント2

日常生活の展示と日本文化の多様性

小熊　誠

はじめに

こんにちは。ただ今、ご紹介いただきました神奈川大学歴史民俗資料学研究科の小熊でございます。今日は、歴博の民俗展示リニューアル担当者のご発表で、コメンテーターの八木さんもリニューアル委員であったということですが、私はまったくそれには関係しておりませんでした。ですから、リニューアル展示とはまったく関係ない立場からコメントさせていただきたいと思います。

普通、博物館の展示といいますと、最初に土器があって、石器があったり、一二〇〇年ぐらい前の仏像があり、織田信長あたりの歴史的な人物の書いたものがあったり、あるいは今、八重の桜が流行っておりますが、新島八重の写真とか、新島八重の使った物とか、そういう歴史的な人たちの展示があるのが普通です。ところが、この歴博の第四展示室というのは民俗文化の展示ということになってるわけですが、それでは民俗文化とは何か、民俗文化を展示するということはどういうことなのか、それを皆さんと一緒に、少し考えてみたいと思います。

民俗文化と言うと、皆さんなんとなくイメージできるように思いますが、ちょっと考えてみますと、それは伝統文化なんだろうか、あるいは日常文化なんだろうか、また庶民文化なんだろうかと、いろいろな考え方ができるわけでございまして、これについても少し考えてみたいと思います。

伝統文化

例えば、伝統文化と言いますと、たくさんあります。先ほど松尾さんから沖縄の話がありましたが、私も沖縄調査をやっておりますので、例えば、エイサーというのがございます。多分、皆さんはエイサーっていうのは沖縄の伝統的な芸能じゃないかとお思いになっている方が多いかと思います。私は三〇年ぐらい前から沖縄の調査をやってます。三〇年ぐらい前、沖縄でエイサーをやっているところは、実はほんの一部でした。沖縄本島の中部が中心でした。沖縄市が中心で、沖縄のほかのところではあんまりやってなかったんです。それがどういうわけか、沖縄の中でエイサーが流行り始めまして、沖縄各地で沖縄市の青年会から倣ってエイサーが広まっていきました。かつ、このエイサーが本土で広まり始めて、東京でやったり、大阪でやったり、いろんなところでエイサーをやるようになりました。

実は、これは伝統的なものを踏まえつつ、新たに生まれてきた伝統芸能と言うことができると思いますが、実はこういう話は全国にたくさんあります。うちのお祭りは一〇〇〇年前からやってますという地域がありますが、それは正確だとは言えません。一〇〇〇年も前から同じ祭りを伝承し続けることは、ほぼ不可能に近いことです。このようなお祭りは、やぶさめにしろ、いろいろな神事や芸能があると思いますけれども、変化しています。この変化しつつも、伝統行事とみなされている伝統をどのように考えるか。伝統的な民俗文化とは、その本質は何かを考える必要があるかと思います。

日常生活

それから、日常生活っていうのはいろいろありますけれども、仙台市の歴史博物館で、昭和三〇年代の冷蔵庫や洗

写真１　仙台市歴史博物館展示の冷蔵庫と洗濯機

写真２　福山市神辺歴史民俗資料館展示の冷蔵庫

濯機を展示してます（写真１）。あるいは福山市の民俗資料館も、こういう氷を使う懐かしい冷蔵庫を展示しています（写真２）。私が小学校一〜二年生のころ、わが家にありました。皆さん、よくご存じかと思いますけれども、大きな氷を買って冷蔵庫の上に入れて、下に冷やしたいものを入れておくという電気冷蔵庫以前のものです。これ、うちにも最初あったんです。しかし、電気冷蔵庫が出回るようになるとすぐ使わなくなって、物入れに使っていました。それから、初期の洗濯機もそのころのもので、手動式の脱水機が付いていました。私も小さいころ、一生懸命この手動の脱水機を回して、母親の手伝いをしたことがあります。

さて、このような日常生活のもの、当たり前のものですよね、こんな当たり前のものを、なんで博物館で展示しなきゃいけないのかということなんです。私は、二〇年ぐらい前、イギリスに一年間住んでいたことがありますが、いくつものヨーロッパの博物館に行きました。その時に、こういう一九六〇年代前後のテレビや冷蔵庫、洗濯機などが置いてある庶民の生活文化を展示した展示がヨーロッパの博物館ではたくさんありました。しかし、当時日本ではほとんどありませんでした。

最近、こういう日常生活の展示が日本でも始まってきました。例えば、おせち料理。実は、これが先ほどから話題になっている新しいリニューアル展示のオープニングになっています。その展示は、今、皆さんが食べているおせち料理なんです(写真3)。リニューアル展示場に入ると、まず壁の上下いっぱいに何十ものおせち料理が目に入ります。有名料理店のものが、ずらっと並んでいます。それを見ると、びっくりしちゃうと思います。しかも、それらは二万円くらいのおせち料理なのですが、多分レプリカで作ると、その何倍も費用が掛かってる。こんなお金を掛けて、今誰でも見ることができる普通のものをなんで展示するのか。これがなんで民俗文化の展示なのか。そういうことを少し考えていかなければいけないと思います。

実は私も、学生に教えてますが、ちょうど、これぐらい、二〇〇名ぐらいの教室で、民俗学という講義をしています。その講義で、正月の後に「おせち料理、食べましたか、食べた人、手を挙げてください」って学生に聞くことにしています。最近、このような当たり前の質問をするようにしているんですが、かつてならば想像もつかない回答があります。おせち料理を食べてない人がいるんです。皆さん信じられますか。「じゃ、食べてない人、手挙げてください」って質問すると、おせち料理を食べなかった学生が結構たくさんいるんです。「なんで食べなかったの」と聞くと、「バイトで忙しくて」と言う人がいます。そうですよね。下宿していて、バイトで忙しくて、正月料理を食べない。そんな人もいますし、母親が働いてるから、おせち料理なんかありません。そんな人もいます。びっくりしました。

私自身も、母親がおせち料理をずっと作ってくれてたんです。ところが、母親も八〇歳を超えまして、「私、面倒くさいから作らない」と言い出したんです。うちの妻は、おせち料理を作れないんです。外国人なものですから。そうしますと、仕方なく、数年前から、わが家でもデパートのおせち料理を買うようになってしまいました。

買うおせち料理なんていうのは、私の頭の中にはあり得ませんでした。私が小さいころには、それぞれの家庭でおせち料理は作るものでしたから。ところが、現在では、多分皆さんもそうじゃないかと思いますが、おせち料理を買ってる人がたくさんいると思います。なんでおせち料理を

写真３　歴史民俗博物館第４展示室のおせち料理の展示

買うようになったんだろうか。こういう日常生活の変化っていうのはなんなんだろうか。さらにおせち料理も、京風やその他の地方の有名な料理店のものがあり、さらに洋風おせち料理や中華風おせち料理もあります。このように、日常のおせち料理のありかたが、大きく変化しています。このような現在の日常を展示するのが民俗展示であるという主張があって、それを端的に見せたのが導入部のおせち料理の展示だと考えることができるのではないでしょうか。

非文字資料の展示

民俗文化の展示というのは、歴史的文化財を展示するわけではありません。文字資料は使うことありますけれども、有名な人の文字資料を使うことはありません。また、金石文なども使いません。民俗文化の展示には、いわゆる非文字資料でありますけれども、なんの価値もないようなものを使います。それで何を表現するのかというと、われわれの生活文化を示すことになります。最近、われわれの民俗文化っていうのは生活文化じゃないかと言い始めています。われわれが持っている生活文化、もちろん、それは変化しますから、歴史も関係ありますけれども、現代社会になんで自分たちはこういう生活をしているのかということを考えさせるような展示が、実は民俗学の本質だというのが、最近の議論だということをわかっていただきたいと思います。ですから、リニューアル展示をご覧になれば、これも導入部に沖縄のシーサーの新しいマスコットとか、全国各地のおみやげ物などの展示があります。それを見た人は、なんでこんなものを博物館で展示するのかって、不思議に思うかもしれません。それがねらいなのですが、そういう日常の当たり前のものから、日本の民俗文化というものを客観的に見直すと同時に、日本人とは何かということを考えることができると思います。それは、柳田国男も主張した、「普遍性」「実証性」「現代性」という民俗学の特質に繋がると思います(『定本柳田国男集』第三一集、筑摩書房、六—八頁)。

モノとココロの展示

それから、日本人しかわからないと言われる日本人のココロをどのように展示するのかという課題があります。先ほどの常光先生の、言い伝えや仕草というものを、どうやって展示するのかということに通じます。「目から心へ」という課題を考えますと、例えば、白帷子《かたびら》着て、頭に白い三角巾を巻いて、足が無い日本の幽霊がありますよね。このような幽霊を目で見た時に、私たちは怖いというふうに感じますよね。怖いという感覚が自然におこります。あるいは、耳で聞いたものが心の感覚に訴えかけることがあります。これは民俗と違いますけれど、例えば、虫の音を聞くと、日本人は秋だな、いい音だなと思いますけれども、西洋人にとってそれは雑音にしか聞こえない。これは、有名な話です。つまり、心というのは民族性とかかわり合っていて、これは柳田國男も言ってるわけですけれども、私たち日本人が怖いと思う幽霊を、外国から来た留学生に見せても、全然怖がらないんです。彼らは、その怖さがわからないのです。

　では、どうやって、日本人の怖さを彼らに伝えることができるのでしょうか。ですから、これは常光先生の『しぐさの民俗学』にあるあの有名な「狐の窓」の絵ですけど（写真4）、あの絵自体はなんの意味も、価値もないと思うんです。しかし、「狐の窓」を作って吹くと妖怪が消えると信じており、日本にはこのような慣習がしぐさとして伝承されていました。この絵から、日本人の妖怪を見る怖さ

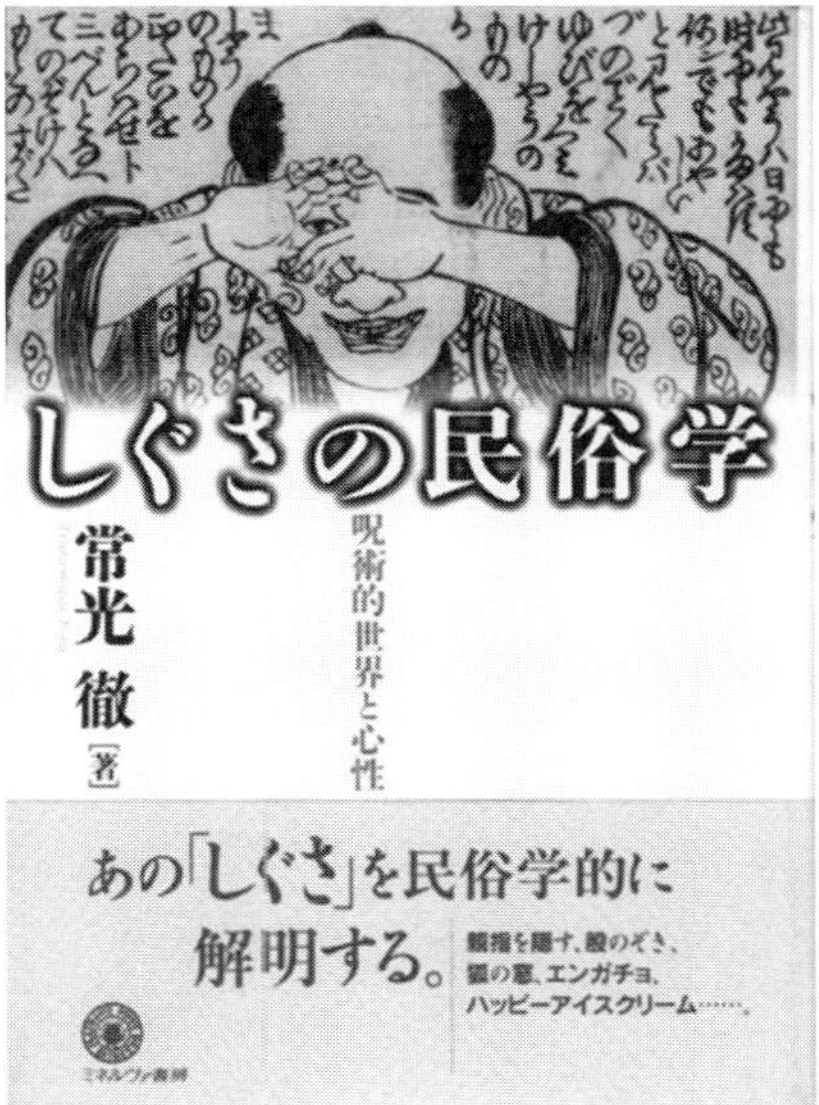

写真4　「狐の窓」の絵

というココロがわかってくると思います。こういう絵に描かれたものを探して、そこに含まれている日本人のココロを説明する。ココロは描けませんので、なんとかココロを表すものを探して、展示する。目で見て、心がわかるような展示が重要だと思います。その一つが「おそれと祈り」の展示で、とくにカッパやしぐさの展示では、日本人のココロを表現することに対して非常に工夫されているのではないかなと思っております。

民俗文化の国際性

最後に、民俗文化の国際性について考えてみたいと思います。沖縄は、今は日本の一部ですけれども、ご存じの通り、近世以前は琉球王国という独立した国でございました。日本という国と中国という国に挟まれた一つの国でした。江戸時代、日本が鎖国してる時に、琉球は中国とずっと交流をしていました。今は、グローバルの時代と言って、海外のいろいろな文化が私たちの身の周りに入ってきてる時代です。江戸時代はそういうのがなかった時代だと、私たちは思っています。しかし、琉球は違います。当時の琉球は今の日本と同じように、中国などの海外の文化が直輸入で入ってきた時代でした。例えば、私が研究している風水ですが、この文化は近世に琉球に直輸入されていました。その影響がいまだにありまして、例えば、石敢當《いしがんとう》という魔除けがあって、沖縄では今でもT字路や家の門扉などに置かれています。

この写真は、粟国島の石敢當です(写真5)。石垣の角に、石敢當と丸石が置かれています。これからわかることは、本来は丸石が魔除けだったと思います。それが、石敢當に変わっていくわけで、ここではその新旧両方の魔除けが置かれています。同じように、門扉の上に置かれたシーサーも、本来は中国から来た風水の影響があります。しかし、この写真では門扉にスイジガイも一緒に置かれています(写真6)。沖縄では、伝統的にスイジガイを魔除けに使う民俗文化がありました。これも、新旧の魔除けが、同じ門扉に置かれている例で、変化の過程を示すものだと思います。

写真５　粟国島の石敢當

写真６　シーサーとスイジガイ

写真７　石厳当

あるいは、この写真の石敢當は、石厳当と書かれていて、字が間違えています(写真７)。中国人だったら、字を間違えることは絶対にありません。中国人は字を大事にしますから。しかし、日本は音で意味を表わしますから、両方ともイシガントウと読めるわけで、音が同じならば、日本人は構わないということになります。つまり、これも変化なのです。海外から伝播した文化が、沖縄の民俗社会の中で受容され、そして変容するという民俗の

写真８　屋根シーサー

定着過程をそこに見ることができます。

また、沖縄でも今、屋根シーサーを見ることができますが(写真8)、これ実は新しいものなんです。なぜならば、ちょっと前の沖縄の民家は、みんな草屋根でしたから、屋根にシーサーを載せることはありませんでした。首里・那覇あたりの裕福な家は瓦の屋根でしたので、そういう家にだけ屋根シーサーがありました。ところが、最近になって赤瓦で屋根を葺くと補助金も出るようになって、赤瓦が流行るようになりました。それとともに、屋根シーサーも流行るようになってきました。沖縄の屋根シーサーは伝統的なものと思われているかもしれませんが、実は最近の流行ということができます。

また、沖縄のハーリーなんですけど、中国から伝播したものと考えられています。確かに、那覇や糸満のハーリーなどは中国からもたらされたという伝承が残っております。しかし、この写真の豊見城のハーリーですが(写真9)、中国から伝播したその伝統が今でも残っていると思われたら、それは間違いです。実は、このハーリ

写真9　豊見城のハーリー

ー舟は、二〜三年前に中国から輸入されたものでございまして、豊見城のハーリーもその時に始まったものです。近年歴史的な中国文化との交流を重視し始めた沖縄で、新しく創設された伝統文化という側面をこの豊見城のハーリーは示しているのではないかと思います。

あるいは、現在沖縄各地でハーリー大会が盛んに行われるようになりましたが、この写真は沖縄本島中部の離島である浜比嘉島の浜集落のハーリー大会です(写真10)。これは行事と結びついたハーリーではなく、あくまでもスポーツ大会になっています。中国では、旧暦五月五日の端午節と結びついた儀礼として爬龍舟行事があるのです。糸満ハーリーも、ちゃんと地元の儀礼と結びついて行われています。現在、沖縄各地でハーリーが盛んに行われていますが、スポーツ的になっているものもあれば、八重山のように豊年祭と結びついているものもあります。ハーリーは中国の爬龍舟が伝播したものだといわれますが、今ではハーリーはもう沖縄の民俗文化になっていると考えることができます。つまり、沖縄の民俗を考える時、中国など海外からの民俗文化の伝播と受容、そ

写真10　浜のハーリー

してその変容という過程を経て、海外のものが沖縄の民俗文化として組み込まれていくという民俗文化の変化と現在の沖縄文化のあり方を見る視点が必要ではないかと思います。

この視点は、現在の日本の民俗文化を考える際も必要になってきたと思います。文化もグローバル化して、現在の日本には海外の文化が入り、人々はそれを受け入れています。さらに、日本には多くの国籍の人が住みついています。このような現在において、日本という領域にある民俗というのは、果たして伝統的な日本の民俗だけかという新たな課題も生れていると思います。例えば、横浜の中華街にはどういう民俗があるのか。これは日本の民俗と言えるのか、言えないのか。あるいはコーリア街の新大久保とか、いろいろ外国人の多く住む町があります。あるいは、横浜の鶴見というところには沖縄の人がたくさん住んでいるのですが、実は南米移民の沖縄三世、四世が今ここに来てまして、南米の文化がそこにあるんです。つまり、沖縄料理店に行くと、南米料理が一緒に出てくるんです。こういうような、日本の現在の生活っていうのがあるわけです。こういう現代の日本社会は、これからますます国際化していきます。文化的にも、多様化していきます。このように多様化していく日本の民俗文化を、どのように表現していくのかというのが、今後、歴史民俗博物館展示の新たな課題となると思います。

現代の生活を扱う民俗学の視点から生れる、国際化時代の日本文化の多様性について課題を提出させていただきました。これで、コメント終わらせていただきます。失礼致しました。

総合討論

司会：川村　清志

小池：それでは討論に移っていきたいと思います。ここからは、司会を当館の川村清志さんにお願いし、報告者四名とコメントしていただいたお二人の先生にも壇上に上がっていただきたいと思います。それでは、川村さん、よろしくお願いいします。

川村：どうも、皆様、朝一〇時半から始まりましたフォーラムですので、かなりお疲れの方も多くおられるかと思いますけれども、ようやく締めに入ってまいりました。これから最終的な討論を始めていきたいと思います。

まずは、質問用紙をたくさんいただきました。つい今さっき目を通したものもございますので、そちらについては、少し精査させていただきながら、私のほうで随時、選ばせていただいて、あらためて先生方に振りたいと思いますけれども。まずは八木先生と小熊先生からのコメントをいただきましたので、それについて、民俗展示に携わった先生方のほうから、少しレスポンスをいただきたいと思うわけです。

八木先生は京都からお越しいただいたので、相当柔らかく、ほめていただいたかと思うんですけれども、いくつか重要な点を指摘していただいたと思うんです。特に、類型論から出発して、民俗学が生きざまを描く学問であると。人々の生活や息遣いというものを示し得る学問であるというお立場です。それはわれわれ一同も恐らくは共感すべき点かと思うんですけれども、そういった視点というものが本当にこの展示で、生かされているんだろうかと。

正直に、ちょっと、そこは十分じゃなかったなという反省も踏まえられる、今のうちだったら謝ってもいいと思いますので、各自で、ご反省いただきたいな、と。それから、最後に関連するわけですけれども、個の民俗というおっしゃり方。ライフヒストリーも含めて、一人一人の個別の生きざまとか、人生っていうもの。もちろん、これを一億人の人生を展示するとなると、どれだけのスペースが必要なのかという話になりますので、それを博物館の展示として、どういう可能性があるのかということを少し踏まえながら、お答えいただければいいかなと思っております。

次の小熊先生からは、いくつか、鋭い点を指摘していただいたかと思うんですけれども、民俗文化って、そもそもなんだろうかと。これは実は相当、展示について助け船を出していただいたように思います。おせち料理であるとか、あるいはおみやげ物のコーナーのような、われわれが日常、接しているもの、あるいは、お金を少し払えば購入できてしまえるものを、どうしてわざわざ展示するんだろう。この意味について、考えながら、そもそも民俗文化ってなんなのかっていうことを問い直すような視点をいただいたように思います。

それと並行しまして、これは、小池さんのほうであった、文字にならないような、心意伝承という言葉ともかかわると思うんですけれども、形にならないような心とか信仰とかの問題です。実は行事だって、行事そのものを出せばいいのではなくて、その行事の奥に秘められた人の思いとかが大切です。これをどういうふうに展示というものに視覚化させるのかという問題は、すごく重要だと思います。ただ、その一方で、文字っていうものに、われわれあまり頼らないのかっていうと、そこは逆に、今日の小池さんの職のところに出てくるような縁起であるとか、秘伝にかかわるような文書資料と、逆に背反するような話にもなってくる。このあたり接合していただきたいな、と思うわけです。最後の国際性の問題で、国際的に見えているものが実は日本化した結果であるような、例えば、ハーリー船の問題とか。あるいは最近、出来上がってきて、爆発的に広がっていったエイサー。これは私の研究している対象である、例えばYOSAKOIソーランなんかにも非常に重なる。わずか二〇年で、日本全国を席巻してしまうような、芸能が出来上がっていく状況があります。こういうものも含めて考え、日本の民俗っていうのと、カッコしての「日本民俗」っていうのがあると思うんですけれども、その関係性をわれわれは果たして、展示に生かし得たのだろうかという話が、問いとしてあり得るのではないかと思います。これは私自身のまとめ方ですので、各先生方、ご自由に、ある程度の幅を持たせて、お答えいただければと思います。それでは、私から近いところから順番にお答えいただくということでいいですか。

小池：はい。両先生からいただいたコメントは大変重い、ソフトな口調だったんですけれども、重い課題を与えていただいて、今、川村さんのまとめも、なかなかそれをさらに逃げられないように、じわじわと来ているな、というふうに思って、困っています。早く謝っときなさいという話もありましたけども。確かに、民俗学は、八木先生のおっしゃるような一人一人の生きざまとか、息遣いを示せる学問であったはずだというのは、私も民俗学に魅力を感じて、歴史学でも人類学でもなく、民俗学を専攻したのはそれを意識していたっていうように、初心をもういっぺん、八木先生のお話を聞きながら、思い出しておりました。にもかかわらず、ある程度、類型的にまとめてしまうのはなぜかっていうことなんですけども、それは歴博の場合は日本全体、日本列島全体を見渡さなきゃいけないというときに、川村さんのお話にもあったように、一億何千万人分の一というのを示していいのか、という躊躇があって、ある程度の類型とか地域とかを正面に出すことで示す。私の担当した箇所の場合は職で代表させてしまうというやり方を取ってしまった。このことについては、それはおわびというか、そういうことです、というふうにまず、素直に認めておきます。

次に個の問題をどうするのかということに関して、方向性というか、私が今、考えていることを一つだけ申し上げると、たった一人の人生を見て、例えば、一人の職人さんの技の習得の仕方とか、そういう自分の職業に対する意識、職に対する考え方みたいなものを取り上げていって、それで代表になるのかっていうと、それは疑問符が付いても仕方ないと思うんです。ただ、そういった一人の生き方というのは、その人だけの、完全なオリジナル、創意工夫ではないと思います。職人さんならば、親方とか師匠を見ている。あるいは、兄弟子を見ている、そして弟子を育てていくといった関係性の中で、そういった個のあり方みたいな、立ち位置みたいなもの、息遣いみたいなものが、決まっていくということがあると思うんです。だから、個が突出するんではなくて、個が集団の中にあって、その集団性とか社会性っていうんですか。そういったようなものが、その個人の中に投影されていくんじゃないかなと思うんです。だから、思い切って、ある一人の、例えば職人さんであるとか、あるいは昔話の伝承者であるとか、卓越した宗教者とか、そういった人たちを取り上げることで、それが決して日本代表というわけではないけれども、ある日本文化の集約のあり方、日本社会の反映としてとらえていくことはできるんじゃないかなあ、と思っています。

個の中に社会を見る、個人の中に社会性を見ていくというやり方を、今回の展示ではもちろん、貫徹できてはいません。今後、ぜひとも、研究の課題として考え、それを展示として発信できるように精進してまいりたいなと今、思っているところです。答えになっていないかもしれませんけれども、私の今のところの見通しというか、覚悟であります。

常光：そうですね。八木先生のほうから類型論の話がありました。先生がおっしゃるように、抽象化すればするほど現場の顔が見えづらくなる。人々の息遣いから遠のいていくということは現実にある。その反省はあるわけです。

ただしかし、類型化することと、現場の人々の息遣いをきちっと受け止めていくことは、相反することではないと私自身は考えています。具体的な事例を類型化、あるいは抽象化していく、それと現場との関係はどちらか一方の選択というのではなく、相互に影響を与え合う往還関係にあるのではないでしょうか。現場から立ち上げた類型的なモデルを参照しながら再び現場をとらえ、認識していく、さらに、現場の中からより有効性の高いモデルに鍛えていく。両者は別物ではなくて、きちっと現場を見ていく、現場から目を離さずに描いていくためにも相互の影響関係を自覚しておくことは大切ではないかと思います。

個人の姿をどうとらえるかという作業は、となりの小池さんなんかが精力的にされています。口承文芸、特に世間話の分野ではこれまで奇事異聞のような変わった珍しい話で、それも一定の分布が確認されるような類型的なものの研究に力が注がれてきました。ただ、類型的な枠を強調しすぎると、その枠から漏れたというか枠の外の世界が見えづらくなる危険があります。近年の世間話の研究は類型性だけにとらわれずに、話者が、語らずにはいられないような個人の体験や想い出などを、きちんとすくい取っていくことの重要性が指摘されています。

今回の妖怪展示で難しかったのは、資料の展示を通して、妖怪にただよう妖しくて無気味な雰囲気を出したかったのですが、その点が必ずしもうまくいったとは言えません。展示はモノを見せるという行為が中心になりますが、もっと五感に訴えるような工夫が必要だと感じました。

松尾：私の時間の配分、用意した量と時間との兼ね合いがうまくいかず、説明が不十分だったことをまずおわびいたします。それをお二方のコメントの先生には特に補っていただいて、大変感謝をしております。

コメントをいただいてまず申し上げたいことは、個の問題というのは、非常に重要なことであって、類型論に導いたり、抽象化をある程度していき、この地域はこういう世界だということを発見していくのが民俗学であると教え込まれたのが私の世代でありました。そのように教えられて、例えば、共同調査で年中行事を任された場合に、調査項目表が渡されて、「正月は何を食べますか」とか、「七日に何をしますか」、といった項目に、アンケート調査のようにして答えてもらえば、その地域の民俗が明らかにできるのだというような教え方をされてきました。しかしながら、お話をうかがいながらその当時から、それがうれしいのか、悲しいのか、大変なのか、経済的に負担なのかどうなのか、といったようなことを尋ね、書きとめなくてよいのだろうかということを感じておりました。現代の民俗学がそういう方向を重視するようになってきていること、時代の中で、民俗というものが消滅に瀕しているということ、伝統的な共同体が衰退しているということが大きい要因ですが、それをどうとらえるか、非常に重要なことだと思います。

ここで、一つの事例を紹介したいんですが、私が約二〇年ぐらい調査してる三重県の伊賀地方で正月行事を調べていて、親切に教えていただいたお年寄りで、最近、時おり徘徊することのある方がおります。そのときに、「これこれ、こういう用事だから、外に出掛けてくる」と家族に告げてゆくといいます。どういう用事かというと、「明日、正月行事だから、山に行って、飾りの桜の木や栗の木を採りに行かないと間に合わない」と家族に言って、家を飛び出して行くことがとても多いという話を聞きました。いかに、その人の人生にとって、この行事が重要であったのかということが伝わってくるように感じます。

その当時から私は正月行事に関心があって、調査に入ってはいるのですが、専業農家ではなく、兼業農家になっていて、現在のこの人たちにとって、こうした正月行事の重要性がどれぐらいなんだろうかということを、素朴な疑問に感じながら、聞き取りも続けておりますが、行事と強く結びついていた生業をめぐる状況が大きく変わって、専業の農家は成り立たなくなっている。世代による差ももちろんありますが、ひとりひとりの人生にとってのウエイトとして、それらがどれぐらい重要であったのか、専業農家であった時代と兼業が主流になった現代との差などに、調査の際にもっと留意すべきかと思っています。

また、小熊先生がお話されていたことに共感したことなのですが、今回の展示の大きな目標として掲げた中に、マイノリティーを重視する、多様性を重視するというお話がありましたが、在日の人々、日本に暮らす外国の人々のことについては、ほとんど触れられませんでした。このことは、われわれも自覚していて、それを新しい課題としてとりくんでゆくことを考えており、無自覚であったわけではないんですが、新構築をした展示を考えるうえでも大きな問題であると思います。実は私は、神戸の華僑、特に福建の同郷会の調査に着手し始めているんですが、こういった方々は昨日今日、日本にやって来たわけではなく、今もう三世、四世、明治時代から始まっているので五世ぐらいの人々もいますが、もう中国語はしゃべれないわけです。日常生活の中では日本人だという気持ちで暮らしていますが、でも、ルーツは中国にあることも強く認識している。そして、普段は日本人だと思っているけれども、日中両国の大きな緊張関係が生じたりすると、自分が何人なんだろうかというふうに引き裂かれる思いがするというような人々が数多くいます。あるいは、現在も華僑の子供たちがいると同時に、そこに新しい中国人も入って来て、共同体が続いていて、共同体を維持しつつ、その中が流動しながら、生活している人々がいるということ、こういったこともとらえていかねばならないと思います。

それから、これからの非常に大きな課題、世界的な課題として、貧困の問題があるかと思います。家があっても、家で暮らせない。具体的な例で言うと、ネットカフェ難民と呼ばれるような人たち。そういう人たちの生活。彼らがどこから来て、どこに行くのか。彼らの収入と支出がどのようになっているのか、といったような事柄などは社会学の課題としてはもう研究が行われていますが、民俗の問題としても考えていくべきだと思っています。

それからもう一つ、十分、時間が足りずに伝えられなかったことですが、沖縄の問題として、小熊先生がコメントされた琉球国時代以来の現代までの歴史、戦争をはさんだ大きな時間軸で、ここでは郷友会のことに触れたいと思います。沖縄の郷友会のそもそもの成り立ちは沖縄の日本への返還運動と密接に結び付いています。郷友会の会合は、大会、新年会、忘年会など年に何回か開催されますが、沖縄の人たちが音楽、踊りが非常に好きだということもあって、民謡、舞踊の披露も多く行われる独特な雰囲気を持っていて、現在に続いている。それも絶えず政治に翻弄されながら、現在の姿に至っている。こうした国家的な意思と個人の生活の問題の中で各人がどう対処するのか。その中での郷友会のあり方、そういうことにも注目をしていく必要があるのではないのか。

現実には展示場のスペースに限りがあるので、それもあれもこれも、すべてを展示することはできませんが、研究の課題としては意識していかなくてはいけない。企画展示などで取りあげていかなくてはいけない問題だというふうに考えております。

松田：先ほどから類型論ですとか、あるいは集団で民俗をとらえるということに対して、今までそういう形でやってきた、というお話が出ておりますけれども、私はちょっと世代が違いまして、あまりそういうことにはこだわりがないんです。あと世代が違うのと、もう一つは、私、もともと文学出身でして、近代文学をやってたんです。卒業論文は梶井基次郎。太宰治とか梶井基次郎とか、そういう個人個人が物事を考えて、文章を書いて発信しているというところに興味がもともとあったんです。そこから民俗学に興味を持つわけですけれども、普通の人々の話っていうのが意外と小説より面白いんじゃないか。そういうところから私自身は興味を発しておりますので、個を対象とするということにはあまり違和感を持たずにやってまいりました。個というものに、多数を代表させていいのかという問題が一つあると思うんですけれども、私自身、今日は刺し網漁をするおじさんの例を出しましたが、もちろん、あの方だけに話を聞いているわけではないのです。さまざまな人に話を聞いて、そして一つの分かりやすい例として、ああいった形で出していく。そして、私自身は展示でも普段の研究でも、個人の顔を出すということを意識しながらやっているんですけれども、それが決して、特殊な個の事例ではなくて、自分自身の中で、きちんと、その他の人々の話も聞いてあるかどうか。そこが非常に重要になってくるのかなというふうに考えております。

もう一つ、そういった形にならないもの。個人個人の方がおっしゃったこととか、例えば、漁について感じていることというのをどういうふうに形にして、展示につなげるのかという問題も一つ気になったところです。形にないものを展示するというのは非常に難しいわけです。

例えば魚が釣れるときに、指に当たる感覚ってどういうものなのかって、そう簡単には展示することもできないですし、私は言葉にすることもできない。そういったものを本当はお示ししたいわけです。なるべく、できる限りのことはと思って工夫しているのは、映像と物とを組み合わせるということです。釣りをしている場面、刺し網漁をしている場面、見突き漁といって、サザエを船の上から獲っている場面。そういった映像を皆さんにお見せする。でも、映像だけですと、実際にどういうものだか分かりませんので、それにきちんと具体的な展示資料を併せてご覧いただく。そういった工夫をしておりますけれども、今後もこの展示方法については、考えていかなければいけないと認識しております。

川村：はい、ありがとうございました。それぞれのお立場から、コメントをいただいたかと思いますし、総体としては問いの大体の問題に答えていただいたかと思うんですけれども、コメンテーターのお二人から、ここだけ確認しておきたいということがもしございましたら、お二人どちらか、よろしいでしょうか。

八木：確認というよりも、ちょっと付け加えて、ご説明させていただいていいですか。今、個の問題とか、類型論のお話をしていただきましたが、私が例えば、個の問題を取り上げたのは、実はちょっと説明不足で、個に全体を反映させるというふうな視点で申し上げたわけではございません。あくまで、個へのまなざしというものが、これからもっと必要になるのではないかということです。例えば、一つ極端な例かもしれませんけれども、社会のマイノリティーへのまなざしっていうのは随分、過去にも言われてきています。今の在日の人たちの問題ですとか、被差別部落の人たちの問題というものを民俗学でもっと取り上げるべきだ。これはマイノリティーへのまなざしなんですが、私が個の問題として考えていますのは、人生のマイノリティーへのまなざしということなんです。例えば、過去の民俗辞典には「離婚」という項目はありませんでした。辞典の項目としては。ところが、現在、編纂中の民俗事典の中には、「結婚生活」と「離縁」という項目が出てきています。例えば、離婚の民俗学の研究は、探してみても皆無です。なぜかというと簡単なことで、離婚というのは極めて個人的な営みなんです。つまり、集団で伝承されてきたものでは決してありません。ですから、ある意味で、離婚する方というのはちょっと前の時代までは、極めてまれであった。まさにマイノリティーであった。しかし、現在、これだけ離婚率が上がってくると、果たして離婚はマイノリティーなのかっていうことで、民俗学の事典にも「離婚」という項目が登場してきたわけです。例えば、離婚の問題を考えようとしたときに、集団性にこだわっていたんでは、民俗で離婚というものを語ることは決してできません。こういう、ある意味、人生のマイノリティー、しかも、ちょっと申し上げた、あらゆる選択肢がある、そういう選択肢の中で、どんな選択をした人が、どんな生き方をしてるのかという、そこに目を向けていく必要性というものを、私は個へのまなざしということで、申し上げたかったということです。先生方がおっしゃいましたように、個で全体を反映させるとか、一つの個をもって、すべてをそれで語るとか。あるいは、一億人の人々の姿を描き出すとか、そういう視点ではなくて、今まで全体だけではとらえられなかったような人たちの生きざまというものを、もっとこれからは民俗の中に内包していく必要性みたいなことを申し上げたかった、ということをひと言、付け加えさせていただきます。

小熊：それと、もう一つ、今、個ということが話題になってますけれども、ひと言、皆さんに申し上げたいのは、一人一人の、ライフステージという言い方がありましたけれども、それを実は東大の岩本通弥氏なんかがやってるんですが、ドイツの民俗学では一人一人のインタビューをずっとデータベースにしてるんです。今日いらした皆様方の人生について、お話を伺う。そういうことをみんなデータベースにするんです。そうしますと、例えば、離婚について調べたい。そうしたら、そこのデータベースからいろんな方々の声、経験が聞こえる。そういうような民俗学っていうのが今、ドイツでは始まってるんです。ですから、日本も現代社会、そして、個とかいろんな問題が出てきますけれども、こういうデータベースというものを作っていくというのも、一つの未来志向の民俗学ではないかと考えられる点を、ちょっと付け加えさせていただきます。

川村：はい、ありがとうございます。非常にクリティカルなお話をお二人にしていただいたと思います。この問題も最後にもう一度、詰められればと思うんですけれども、少し、質問用紙の方に目を向けさせていただきます。

まず、常光先生について、かなりの数の質問がまいっておりますが、見せていただいた限り、かなり細かなお話を質問されてる方が多かったんですけれども、ちょっと個別すぎる話にもなるかと思いますし、それを全部、挙げていくと、多分、常光先生だけで終わっちゃいますので、絞らせていただきます。まず、大きな枠組みで言いますと、俗信と迷信という言葉がありますけれども、これについての違いというか、考え方について、ご意見いただきたいということがありました。

それから、恐らくは俗信のカテゴリーになるかと思うんですけれども、女人禁制とか女人結界という事象があると。これらについての宗教的な問題もあるだろうけれども、その背景について、例えば相撲の土俵に上がるのを、女性が禁じられている点まで含めて、広くこれらの問題について、どのような意見があるのか、というご質問がありました。

三つ目に、これはちょっと抽象的なので、申し訳ありませんが、私のほうで少し整理して、質問させていただきますけれども、戦前までの、いわゆるキツネにだまされたりとか、馬糞を食べたというような話、さまざまな昔話があったけれども、これが今日ではほとんど聞けなくなったと。このような物語とか昔話を話したり、信じたりするような心象、心の問題と、現代の人々が、ほとんどそういう話をしなくなった考え方っていうのは、大きな変化があったのだろうかと。あるいは、そこには物質文明が人の意識を変えちゃったんだろうかというようなことまでもが、疑問とされておられます。そもそもそういう意識が本当に変化したのだろうかという点と、そこにはもし変化したとしたら、どういう影響があったのだろうかっていうことを少し、お聞きしたいと思うのですけれども、どうでしょうか。

常光：むつかしい問題ですね。俗信という言葉は中国にはありません。明治期に我が国で作られた言葉で、兆・占・禁・呪を意味する学術用語として定着したのは一九三一（昭和六）年から三三（昭和八）年頃ではないかと言われています。俗信と迷信を特に区別しないで用いる人もいますが、『日本の俗信』を著した井之口章次さんは、なんでも自然科学の知識で解決できるという誤解から、民間伝承をすべて迷信だという言い方をしたり、また、自分の信じている宗教は正しいが、それ以外は迷信だといった使い方をする人がいると指摘しています。そこで、俗信の中で実生活に害のあるものを迷信とよぶ考えもあるが、主観的で基準をどこに置くかがあいまいなので、学術用語としては使わないほうが良いのではないかと述べています。

女人結界の問題は、ここにいらっしゃる八木先生がご専門ですから、私などより先生にお答えいただいたほうがよいかと存じます。

三つ目のご質問のように、現在、調査をしても昔のように狐に化かされたという話はほとんど聞けなくなりました。なぜかということを深く考えたことはありませんが、高度経済成長期を境にして人々の意識が大きく変化したことは間違いないと思います。この点に関しては、以前話題になった、内山節さんの『日本人はなぜキツネにだまされなくなったのか』という本が参考になります。内山さんは、経済を優先に考える社会になったことや、科学的に説明できないことを否定する風潮、ラジオやテレビなどのもたらす情報の変化など、複数の根拠を示して論じていました。では、八木先生お願いします。

八木：すごく大きな問題で、二分や三分で、お話できるテーマではないんですが、ちょっと乱暴な言い方になるかもしれませんけれども、簡単に申し上げますと、多分、女人禁制の起源というのは天台宗を中心とした仏教の密教の教えの中に、修行僧の人たちが、女性がいると、修行の妨げになるということから、女性を排したという、仏教的な教えに起因するものが一つあります。もう一つは、山岳信仰における山伏たちの修行の場でも、女性がいることによって、修業の妨げになるということから、男性だけの世界というものを作り出していったのが恐らく、平安時代あたりの起源だと思います。

それが庶民の間に、特に女性の血のケガレという問題として広まっていったのは、恐らく中国で作られた偽経でありますす血盆経という経典が日本に入ってからではないかと。これはいわゆる、女性は生まれながらにして罪を背負っているという、まさに女性蔑視の経典なんですが、血の池地獄であるとか、そういうことを語っている。そんなに長いお経ではないんですけれども、武家社会は男子中心社会ですので、まず中世の武士社会の中に広がって、それがだんだん室町時代あたりに庶民の中にも広がっていって、ほぼ江戸時代ぐらいに、女性の血のケガレというようなものが、庶民の間にも、都市を中心に定着し、それが明治以降にもずっと受け継がれてきて、いまだに一部、残っているのではないかと思います。

例えば、今、女人禁制の場所である大相撲の土俵、あるいは奈良の山岳修験の道場であります大峰山、私が調査・研究をしております祇園祭の山鉾も原則、女人禁制なんですけど、例えば、お相撲で言うと、かつて歴史の中には女相撲というのが存在しますので、歴史的にずっと女性を排除してきたわけではありません。ただ、江戸時代にどうやら、相撲の中にそういう宗教的な考え方が入って、土俵が男性空間だという伝統が出来上がって、それをあたかも歴史的にずっと土俵は男性空間だという認識になるようですけど、本来は必ずしもそうではなかった。祇園祭の山鉾もそうです。室町時代の初期には明らかに女性が乗っていたという絵画資料がありますので、多分、室町の末期から江戸の初期ぐらいにどうも女性が乗ることはよくないという伝統が出来上がったようです。ただ、そこにはやはり俗信が影響していることがありまして、現在でも言われているんですが、例えば、祇園祭の鉾になぜ女性が乗ってはいけないのかという質問に対しては、鉾を引く車方の人たちが、女性が引き綱をまたぐということを非常に嫌がることから説明します。女性が引き綱をまたぐと、必ず事故が起きるという言い方をして、それは一種の俗信と言えるのかもしれませんが、そういう形で語り継がれて、いまだに祇園祭の鉾は原則、女性が乗れないという伝統が続いています。大峰山も例えば、何人もの女性が、大峰山山上ヶ岳に登るという宣言をされてるんですが、一番先にそれを聞いて、「登らないでください」とお願いをしに来たのは大峰山系の中腹で、山仕事をしている、いわゆる木こりの人とか、昔の狩猟民の人たちなんです。女性が登ると、必ず事故が起こる。山仕事の最中に事故が起きるというふうに言っています。

だから、必ずしも女人禁制が女性のケガレということだけで語られてきたわけではなくて、本来はそうではなかったものを、血盆経も一つのその原因だと思いますが、ある時期に女性の血のケガレというものがものすごく強調されて、あたかもそれが原因であるかのように今も思われている筋が一部にあるのではないか。ですから、決して日本社会の全体の歴史の中では、女人禁制というのは、そんなに古いものではないと、私は思っております。非常に乱暴な説明でございますが、そんなところでよろしいでしょうか。

川村：はい、ありがとうございます。時間もわずかになってまいりましたが、今日のフォーラムのタイトルになっている「現代社会と民俗文化」というところで、いくつかご質問いただいているんですけれど、その一つで、「例えば、ＴＰＰや自然エネルギーなど、人・海・里における大転換の時節に民俗学からの発言は行われないのですか。それとも無関係ですか」。無関係だと言い切れる自信のある方は、構わないんですが…。

もう一つ、これは松田先生に対してのご質問だったんですけれども、「本日紹介いただいたような生業がまだ残ってる地域はどんどん減ってきているのではないでしょうか。近年の急激な産業構造や社会構造の変化により、伝統的な民俗は消滅の危機にあるのではないか。民俗学という学問の立場から、日本の民俗を守るような取り組みは何かできないものでしょうか」という、その後もまだ少し続くんですけれども。

これ両方とも大変、現代的な課題だと思うんですが、まずは松田さん、もしよろしければ、ほかの先生方もご意見ございましたら、お願いします。

松田：民俗学がいかに社会に発言をしていくのか、研究で得た知見を展示だけではなくて、もっと直接的に発言するべきではないのかというご指摘かと思うんですけれども、非常に難しい問題です。どうお答えしていいか、難しいのですが、私などのように生業の研究をしておりますと、各地方、地方で、いろいろなお話を聞いたり、現場で作業の様子を見たりします。そうした中では過疎化していって生業が成り立たなくなっていく姿なんかもよく見ております。ＴＰＰ、賛成か反対かということは私、ちょっとここでは申し上げられませんけれども、社会構造が変化している中で、今までの仕組みでは農業や漁業は無理だろう、ということは非常に強く感じております。戦後の復興から成長期を経て現在に至る過程で、農業を取り巻く環境を大きく変えなければいけなかったのに、成長当時のまま、いろいろな制度や民俗、つまり地域の物事に対する考え方が残っている部分があると思います。ＴＰＰ反対にしろ、賛成にしろ、きちんと、地域が自分たちの現状を見て、変わっていかなければいけないというふうに私は考えております。これを、なかなか直接的に発言する場面というのはないんですが、求められればこのように申し上げますし、なかなか新聞に投書をしてというわけにはいきませんが、きちんと見る作業をまずは続けて、そして、こういったご質問にお答えできる状態を常に作っておくというところが私の姿勢かなと思っております。

もう一つ、民俗の保存の問題ですけれども、どんどん過疎化が進めば、みこしの担ぎ手もいなくなるわけで、そういった状況は各地で目にしております。この民俗の保存の問題ということについてはいろいろな議論があります。先ほど来、八木先生からも小熊先生からも、民俗は常に変化するものだと、変化しない祭りなんかないんだというお話がありましたけれども、常に変化し続けるものをどのように保存するのか、切り取るのかという話はずっと議論されてきたところです。今、文化庁はきちんと記録保存をするということが重要だという方向に動いているのではないかと思いますけれども、私もどんどん、どんどん変わっていくのがわれわれの生活だと思っておりますし、その変化をどこかで止めるということには疑問を持っております。ですので、保存のために、ある段階で変化を止めればいいということではないと考えております。この点については、恐らく、司会の川村先生が祭りですとか、芸能ということを常に見られておりますので、お返ししたいんですけれども、いかがでしょうか。

川村：そう来ましたか。そうですね、私も司会という立場ですから、TPP反対とか、そんな言いませんけれども、あえて、私の気持ちはくみ取っていただけたらと思います。民俗を守るとか保存という話になりましたときに、自分の立場である民俗芸能であるとか祭りについては、私は端的になくなるものはなくなっても仕方がないと思っております。そして、残念ながら、現に、今現在、どんどんとなくなり続けているっていうのも事実です。それをむしろ、文化財という形で温存する、あるいは外部のまなざしによって、貴重だから残しておけと言って、七〇歳を過ぎたおじいちゃんに舞いを二〇分も三〇分も舞わせるほうがよほどひどいんじゃないかと。ご本人たち、それで元気だよ、みたいな方もおられるし、六〇歳になっても、うちの獅子舞は二人も子供を肩に乗せてやる三人継ぎというのをそのおじさんがやってるんですけれども、そういう状況の中でも、やるっていう意思があれば、やっていくだろうし、本人たち、継承してる人たちがそれをなくそうと言うんだったら、なくなってもいいだろうと。

ただし、多分、ここでご質問された話はそういう個々の民俗とか行事っていうレベルではなくて、恐らく今、日本の地域社会の多くが、本当に過疎化、高齢化に悩んでいて、コミュニティーとして成立しない。例えば、都会の会社でそれまで働いていた方々も、戻りたいけれども、戻っても病院もないと。完全な福祉環境を考えたら、やはり都会に住まざるを得ないというような状況の中での、一体、日本のこれからの地域社会をどうするんですかっていうような、多分、そういうかなり切実な問い掛けでもあったと思うんです。そういった問題に関して、民俗学者ができること、あるいは考えていかないといけないことっていうのはとてもたくさんあって、本日では恐らく、議論し切れないと思うんです。ただ、われわれはそういう地域社会に少なくとも生き続けて、先ほどの松尾先生の話にもあったように、ずっと付き合い続けていくと。彼らが考えているもの、思っているものっていうものについては、適宜、発信していくような立場であり続けたいなと、最近、最低限ですけれども、思っております。

そのほかにも、これは松尾さんと小熊先生にご質問だったんですけれども、「国際化の名の下で、文化の平坦化、平準化と言ってもいいんでしょうか、そういった傾向があります。それと、商品化されていく民俗との関係はどのようなものでしょうか」というような質問がありますけれども、いかがでしょうか。

松尾：どちらかというと、社会学や経済学での研究で、フラット化する社会という認識がされていますね。経済がグローバル化していく中で、物が流通していって、平板になっていくというのは多くの地域における現実で、その中で、なおかつ地域性なり、個々のくらし、環境や歴史を踏まえた差異があって、そういうものを見つめ続けていかなくてはならないのではないかと考えています。

私以上に小熊先生がご専門なので、小熊先生のご意見を賜りたいと思いますが、それとは別に今、ＴＰＰのことで、松田さんのご発言に加えて、関連することで時間がありましたら、あとでお話をさせていただければと思います。では、小熊先生、お願い致します。

小熊：確かに、現代社会は経済のグローバル化から始まって、文化のグローバル化も広まっていて、特に民俗学とその周辺から例を挙げると、食文化がそうではないでしょうか。今、日本でも、いろいろな物が食べられるようになっていて、そういう意味での生活文化の平準化という状況があります。そうは言いつつ、簡単には世界中の生活文化が平準化していくということはあり得ないと思われます。つまり、日本には日本の変化のあり方というのが、あるのではないかと思われます。例えば、先ほど、おせち料理を例に出しましたけれども、いろんなバリエーションのおせち料理が出てきまして、その中に洋食おせち料理があります。おせち料理っていうのは神とともに縁起のよい物を食べるわけで、本当は肉は入っていません。しかし、肉が入った洋風おせち料理があります。あるいは中華おせち料理もあります。おせちは日本料理なのに、なんで洋風、中華風にしなきゃいけないのか。それは、若い人に好まれたり、そういうのがお好きな人がいるから、そうなっていくんでしょうけれども、しかし、こういう変化が、事実としてあるわけなんです。ただ、それが世界中の食べ物がみんな同じになっていくかというと、全くそんなことはありません。そうであっても、おせち料理は残るんです。日本料理として、おせち料理としては残る。だけれども、いろんな国際化によって、さまざまな変化を見せてくれる。それがまた、民俗の面白いところじゃないかと思います。ですから、グローバル化による文化の平準化は杞憂に過ぎるところもあるのではないかなと思います。逆手に取って、日本的にどういうふうに変化させていくか。現代の民俗文化、あるいはこれからも変化していく民俗文化っていうのを見ていくという視点があり得るのではないかなと、こういうふうに思われます。

川村：ありがとうございました、小熊先生。では、松尾さん、あとわずかですけれども、よろしくお願いします。

松尾：私は、生業の専門ではないんですが、調査地ではおのずとそういう話を聞くこともあって、とても印象的であったのが、稲作農家の話です。各農家は地域ごとに統制されていて、農薬の割り当てもあって、いくら分は買ってくださいというお願いがされて農薬の割り当てがくる。それで、使わないともったいないので、使うわけですが、自分の家の田んぼにはまかないよと言っておりました。「だって、身体に良くないもん」って言うのです。農薬が身体に良くないことが自覚されているわけです。経験上、まかなくても十分な収穫量がある。そういう稲作を実践している農家もあるんですね。自分の田んぼだけはそのようにしていると語ってくれました。経済学などではそういう現実にはあまり目が向けられないのではないだろうかと思います。こういう話を聞くことができる。民俗研究者は社会的な発信はどちらかというと苦手な人間が多いんですが、そういう実態も積極的に発信していかないといけないのではないでしょうか。あるいはＴＰＰ問題も、村全体の問題としては、反対ということにはなってるんですが、個々人にお話をうかがうと、「よく分からない。もしかすると、農業や牧畜を発展させられるチャンスかもしれない」とお話をされている牧畜農家の方がいらっしゃいました。差し当たっては、苦しい状況が待っているんだけれども、グローバルな中で、どのように変化していくのか、いろいろと難しい問題があるかと思いますが、われわれとしては、そうした現代をとりまくグローバルな状況も意識しつつフィールドと真摯《しんし》に向かい合っていくことが大切かと思います。

川村：まさに、個別の貴重な、そして、非常に現代的な問題について、調査の中でとらえることができたことに基づいてコメントをいただきまして、ありがとうございました。時間がありましたら、私、せっかく司会を仰せつかったものですから、いろいろと内部告発してみようと思っていたんですけれども、先生方から割合と、正直な、胸襟を開いたご意見いただき、現代社会について、われわれの展示の可能性と、現状までの課題について、いろんな議論ができたかと思っております。ちょうど時間となってまいりましたので、最後に今回の民俗展示の代表を務めていただいた小池さんから、お言葉をいただいて、このフォーラムを閉じたいと思います。

小池：最後ということなんですけども、実は最後ではなくて、もう一回、フォーラムを予定しております。今日のテーマは「現代社会と民俗文化」ということでしたけども、民俗展示の一番最初のゾーン、「『民俗』へのまなざし」というところを中心に、もう一度、フォーラムをやらせていただきたいと思って、準備をしております。一〇月の二六日に今度は歴博にお越しいただいて、歴博の講堂を会場に「民俗表象の現在」というフォーラムを開催致します。そこでは、「『民俗』へのまなざし」の展示を担当、構成したメンバーを報告者にして、お話をしてみたい。そこでも今日と同様にコメンテーターも交えて、議論を深めていきたいと思っております。

今日のテーマの「現代社会と民俗文化」というのは、民俗学が、今の議論の中でもさまざまな形で見えてきた現代社会との対峙というか、向き合っていくことが必要だということ、その意志を込めています。どうも過去の古いことを詮索して、「そんな懐かしいこともやってたよね」みたいなことで民俗学が終わりがちなのを、今日いただいたご質問でも、現代社会、グローバルな流れの中で動いているものとの対応をお尋ねいただいた部分がありました。もっと言うと、そういう現在と、そして過去も、なんと言うんですか、懐かしいとか、古めかしいとか、極端に言うと、どうでもいいみたいなものでは決してなかったということを確認していくのが、民俗学ではないのかなと思っているんです。

それは、展示を構成する原点としての学問の姿勢として、未来をより良くするために、過去を振り返り、過去の過ちであったり、行き止まりであったり、そういったところを謙虚に反省するのだし、そういったものの帰結として現在がある。そして、そういったものを意識して、初めて未来への提言ができるんだと思うんです。私は民俗学は、決して、現在と過去にだけ向いているものではなくて、それらの対話を通して、より良き未来を考えていくという姿勢、これを堅持していきたい、と思っております。過去を詮索するだけに留まらない民俗学ということです。それを歴博では研究発信という形で、展示という形で、模索していくということです。今回と次回の一〇月二六日のフォーラムとを通して、そうしたことを考えていくということで、締めの言葉とさせていただきたいと思います。

川村：はい、ありがとうございました。それでは、第九〇回歴博フォーラム「現代社会と民俗文化」はこれをもちまして、閉会とさせていただきたいと思います。どうもありがとうございました。

民俗展示の新構築シリーズの趣旨

国立歴史民俗博物館（以下、歴博と略記する）はその名が示すように日本の歴史と民俗を研究し、その成果を、展示をはじめとする博物館機能を通して社会に発信する使命を持っている。一九八五（昭和六〇）年にオープンした総合展示第四室（民俗）は全体の主題を「日本人の民俗世界」とし、当時の日本民俗学の蓄積と直面していた課題とに対応することをめざして、民俗文化の多元性を、都市・農村・山村・漁村・南島・他界を軸に展示したものであった。しかし、民俗事象は時代の流れのなかでゆれ動く性質を持ち、それを対象とする民俗研究もその後に新しい展開をみせている。そうした対象と研究の進展とをふまえ、歴博では一〇年以上前から、展示を新たに構築する準備を進めてきた。

二〇一〇（平成二二）年一一月には長年親しまれてきた「日本人の民俗世界」を閉じ、新たな展示に向けて本格的な準備作業が開始された。その閉室の期間中、歴博における民俗展示の欠を補い、新たな展示のかたちを模索する事業として、「民俗展示の新構築」を冠した歴博フォーラムをわれわれは開催してきた。これは民俗研究の現状と課題を多くの研究者とともに検討することを通して、新しい展示を組み立てていこうとする営みのひとつであった。

展示は展示空間において、さまざまな資料とその解説とを通して観客に訴えるものであるが、一方で、その基盤となる研究の様相など、展示のなかだけでは充分に表現できない要素で支えられている。フォーラムは研究報告や討論を通してそうした側面を紹介しようとするものであり、さらに書冊のかたちで残すことで、繰り返しの参照や綿密な検討、引用さらには批判の対象となることを通して、展示をより深く理解する手助けにもなることをめざしている。

この民俗展示の新構築と銘打った一連の歴博フォーラムの報告の刊行は、以上のような経緯をふまえて、二〇一三(平成二五)年三月にオープンした新たな民俗展示「列島の民俗文化」の理解を助けるテキストとなることをめざしている。それらは単に歴博の展示の理解にとどまらず、現代日本における民俗研究とそれに関連する分野でいかなる学的営為が行われているか、それらに連なる研究の深化や方法の進展はどのようなものか、関連する諸学問との関係や協力はどのように行われているかを示すものになるであろう。

今回ここにまとめたフォーラムは、「列島の民俗文化」のなかでも「おそれと祈り」「くらしと技」に関わる展示の意図や背景に関する報告を軸としたものである。ここでは日本列島とその周囲の地域で多年にわたって蓄積、創造されてきた豊かな民俗文化を妖怪や俗信、祭りとそれを支える基盤、職をめぐる観念、生業のなかで生みだされてきた知恵といった視点でとらえ、展示を構成している背景や発想を述べている。さらにそれらをふまえて、展示が提起する新たな課題、未来の民俗展示に向けての問題の登録を試みようとした。

ここで扱われたのは、民俗文化のなかでも精神性にかかわる部分をどのように展示として表象したのか、アジア世界における日本の民俗の位置、職とそれにまつわる史料による民俗的な歴史像、自然環境のなかで複雑かつ巧みに組み立てられてきたなりわいといった問題である。民俗研究にとっては派手ではないが、その根幹に関わるものといってよいだろう。ここでの報告と歴博の民俗展示とを相互に参照することで、民俗学の蓄積を未来に向けて活かしていく方策が生まれていくに違いない。そしてそのことは現代社会における民俗という文化とその追究の意味を考えることにもつながっているだろう。

こうした意識のもと、日本民俗学会をはじめ多くの関連諸学会の支援と協力とを得ながら、民俗展示を新たに模索し構築してきた過程の重要な副産物として、さらに今日の民俗研究の最前線を示すものとして、この「民俗展示の新構築」シリーズの『現代社会と民俗文化』とその最終巻の『民俗表象の現在――博物館型研究総合の視座から――』をここに送り出す。この二冊は二〇一三年に行なわれた二回のフォーラムの内容を書冊としてまとめたものである。本書で提示された視点や方法、成果に対して忌憚のない御批判をいただき、ともに民俗研究の革新をめざす人びとの共通の議論の土俵となっていくことを期待している。

（国立歴史民俗博物館・第四室（民俗）展示プロジェクト委員会代表　小池淳一）

【執筆者紹介】掲載順

常光　徹（つねみつ・とおる）
国立歴史民俗博物館名誉教授・総合研究大学院大学名誉教授
『学校の怪談―口承文芸の展開と諸相』（ミネルヴァ書房、1993年）
『しぐさの民俗学―呪術的世界と心性』（ミネルヴァ書房、2006年）
『妖怪の通り道―俗信の想像力』（吉川弘文館、2013年）

松尾 恒一（まつお・こういち）
国立歴史民俗博物館教授・総合研究大学院大学教授
『物部の民俗といざなぎ流』（吉川弘文館、2011年）
『儀礼から芸能へ　狂騒・憑依・道化』（角川学芸出版、2011年）
『琉球弧―海洋をめぐるモノ・人、文化』（編著、岩田書院、2012年）

松田 睦彦（まつだ・むつひこ）
国立歴史民俗博物館准教授
『人の移動の民俗学―タビ〈旅〉から見る生業と故郷』（慶友社、2010年）
「移動の日常性へのまなざし―『動』的人間観の獲得をめざして」
（『〈人〉に向きあう民俗学』森話社、2014年）
「絵馬を読む―和船時代の土佐カツオ一本釣り漁をめぐって」
（『国立歴史民俗博物館研究報告』181、2014年）

八木　透（やぎ・とおる）
佛教大学歴史学部教授
『婚姻と家族の民俗的構造』（吉川弘文館、2001年）
『新・民俗学を学ぶ』（編著、昭和堂、2013年）
『京のまつりと祈り』（昭和堂、2015年）

小熊　誠（おぐま・まこと）
神奈川大学大学院歴史民俗資料学研究科教授
「沖縄の村落移動と風水―村落史の記憶と歴史的事実」
（『歴史と民俗』27、平凡社、2011年）
「綱引行事の消滅と復活からみた歴史と民俗―沖縄県宜野湾市の事例から」
（『歴史と民俗』29、平凡社、2013年）
「"間"の民俗―養子制度から沖縄の門中を再検討する」
（『歴史と民俗』30、平凡社、2014年）

（司会）
川村 清志（かわむら・きよし）
国立歴史民俗博物館研究部民俗研究系准教授・総合研究大学院大学准教授
『クリスチャン女性の生活史―「琴」が歩んだ日本の近・現代』（青弓社、2011年）
「近代に生まれた「民謡の里」―富山県五箇山地方」
（『地域開発と文化資源』岩田書院、2013年）
「アニメ聖地巡礼者たちの被災地支援―宮城県七ヶ浜町花渕浜の事例から」
（兼城糸絵との共著）（『無形民俗文化財が被災するということ』新泉社、2014年）

【編者紹介】

小池 淳一（こいけ・じゅんいち）

1963年生まれ。国立歴史民俗博物館教授・総合研究大学院大学教授
『伝承歳時記』(飯塚書店、2006年)
『民俗学的想像力』(編著、せりか書房、2009年)
『陰陽道の歴史民俗学的研究』(角川学芸出版、2011年)

【歴博フォーラム　民俗展示の新構築】

現代社会と民俗文化

2015年(平成27年) 3月31日　第1刷　発行　　**定価[本体2400円＋税]**

編　者　国立歴史民俗博物館 ＋ 小池淳一

発行所　有限会社岩田書院　代表：岩田　博　http://www.iwata-shoin.co.jp

〒157-0062 東京都世田谷区南烏山4-25-6-103　電話03-3326-3757 FAX03-3326-6788

組版・印刷・製本：藤原印刷

ISBN978-4-87294-910-0 C3339 ¥2400E

歴博フォーラム 民俗展示の新構築 全７冊

①	琉球弧	松尾恒一	3200円	2012.03
②	近代化のなかの誕生と死	山田慎也	2400円	2013.03
③	地域開発と文化資源	青木隆浩	2200円	2013.03
④	河童とはなにか	常光　徹	2800円	2014.02
⑤	「江戸」の発見と商品化	岩淵令治	2400円	2014.03
⑥	現代社会と民俗文化	小池淳一	2400円	2015.03
⑦	民俗表象の現在	重信幸彦・小池淳一	2600円	2015.03

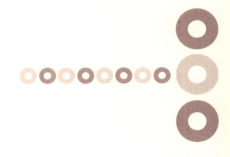